mamma ともさか

こそだてちゃん編

まえがき

「にんぷちゃん編」に続いて「こそだてちゃん編」です。

我が家のリビングで誕生した楓すけは、

天パーをふり乱して、すくすく成長中。

そんなこんなで……

相変わらず書きまくっておりますよ、日記を!!

全く心の準備もできないままはじまった子育て生活。

とにかく記録することで気持ちの整理ができるのです。

育児書読んだり、マニュアルに頼った時期もあったけど

結局は自分の子どもが全てだから、子どもを信じるだけさ！

常に眠いし常に疲れてるし、戦争のような毎日ですが。

でもなんか楽しいよ！　子どもがいる生活！

contents

おさんぽしよう

Let's stroll

▮STAFF▮
Photo by Fumiko Shibata(étrenne)
Styling by Mana Yamamoto
Hair & Make up by Satomi Kurihara(AIR NOTES)

楓すけ成長アルバム

fusuke seichoalbum

オッパイをこよなく愛する甘えんぼうの楓すけですが、不意に「大きくなったな〜！」と感じられるときはなんとも嬉しい気持ちに包まれるのです。

楓すけ2ヶ月

コンビのメロディ付きラックでスヤスヤ眠る楓。ゆらゆら揺れるんだよ〜。ねんね時期には必須かと。これに乗せるとよく寝てました。

楓すけ3ヶ月

GAPのつなぎを着て。こういうバカっぽいの着せたくなるんだよね……。散歩帰り、そのままベビーカーで寝てる楓すけ。

Mammaともさか　～こそだてちゃん編～

[お詫びと訂正]

●P22の［楓すけお誕生日］

↓

正しくは、P18の10/27になります。

●P25の脚注「添い乳（そいちち）」

↓

正しくは「添い乳（そいにゅう）」になります。

関係各位ならびに読者の皆様にはたいへんご迷惑をおかけしました。
ここにお詫びし、訂正させて頂きます。

楓すけ4ヶ月

私の自慢ショット。この時期はあまり動かないし写真を撮るにはいいね。かわいい！　かわいい！（←自己満足）

楓すけ1歳のお誕生日♪

誕生日は大好きな（私の）トップスのチョコレートケーキに「1」のろうそくを立てて。プレゼントはオーダーの家具。楓が大きくなって使えるように！おめでとう楓すけ！

楓すけ1歳7ヶ月

レインコートを着て、雨の中遊び狂う楓すけ。子どもは本当に水たまりが好きだね…。レインコートや長靴の意味がないくらいにびしょぬれ。

ある日の楓すけ

おまけ Diary

元気が一番！　だけど、あっち行ったりこっち行ったり、とにかく元気よく動きまわるので目が離せません……。ちゃんとママしゃんが見守ってあげないとね。

～楓すけお気に入りのおもちゃ～

最近のおもちゃはデザインも素材も本当にかわいくって感心しっぱなしです。このおもちゃは外見は木製の犬（乗れる）ですが、中にいろんな種類の木でできた積み木が入っているんです。実際に木の匂いもするんですよ！　素材のぬくもりが感じられるおもちゃっていいですよね。

1

おもちゃで遊ぼう!!

2

この中に積み木が入ってるんだ♪

3

ならべて

4

かさねて

5

こわしちゃった……

chapter
1

誕生〜生後1ヶ月

パイねんね

10・27 【楓すけお誕生日】

昼間は死んだかのように眠る楓すけ。お産で赤ちゃんも疲れてるらしい。夜になり突然泣き出す。オッパイあげても、オムツ替えても泣き止まず、慌てる新米パパ＆ママ。残った羊水※を吐くのに苦しそう。小さな小さな体で一生懸命生きている。泣けてくる。胎便※が乾いておしりにくっついて大泣き楓すけ。夫と2人がかりでキレイにしてやる。まだ、私のオッパイが出てないのだろう。お腹が空いて眠れない楓すけ。ごめんね。泣き疲れて眠る楓。

10・28

朝から大泣き。胎便で泣き、空腹に泣き、どうしたら良いものか？ ママさんも泣きたい。っていうか私が不安そうにすると余計に泣く楓すけ。伝わってしまうものだ。夫が「ミルク足した方がいいんじゃない？」と不安気に提案。が、その前に神谷さんに相談してみようと、夫がＴＥＬ。すると「普通、オッパイが出はじめるまで2、3日かかるもの。それまでにミルクを足したりおしゃぶりをくわえさせると、オッパイを忘れちゃうし、なおさらオッパイが

※羊水（ようすい）
妊娠時に、羊膜内を満たしている液のことをいいます。胎児を保護し、分娩を楽にしてくれる役割があります。また胎内にいる赤ちゃんは羊水内で呼吸をしているので、産後まず呼吸をするために体の中に溜まった羊水を吐き出します。

※胎便（たいべん）
お腹の中にいたときに溜まった便のこと。

Rie memo.
お産の疲れを癒せないまま、いきなりはじまる育児生活。実践あるのみ！

出にくくなっちゃう。取りあえず今は泣いたらくわえさせる！　の繰り返し。泣いて当然！　夕方の検診でオッパイマッサージ※もするから大丈夫！」とのこと。これが普通なんだと言われると一瞬にして安心……。

火がついたように泣き出すと、とにかく心配なのだ。おしっこ？　うんち？　オッパイ？　暑いの？　寒いの？　どっか痛いの？　苦しい？　もう〝？？？〟ばっかり。自宅出産※は産んだ瞬間から、基本的に自分たちだけで対処してかなきゃならない。本当に大変だけど、最初の1週間を病院で過ごすのが楽かというと〝？〟である。大変さは一から自分達でぶつかって、悩んで考えて乗り越えていかないと。

夕方、神谷さんの検診。温タオルでオッパイをゆるめてマッサージ。実に気持ちいい。やわらかくて、よく伸びるいいオッパイ！　と褒めて頂く。照れる。初乳をなめてみる。甘いような、しょっぱいような、少し透き通った乳白色（色は人それぞれらしいが……）。そして楓すけ沐浴※初体験。ハダカにされると不安になるらしく大いに泣く。初めてのお湯にもビックリして泣いていたが、次第におとなしくなる。神谷さんが、大切に大切に入れてくれる。自分の子供を抱くみたいに。何だかきゅんとする。気づけば足もだらーんと力が抜け、とても気持ち良さそう。ちゃぽーんという水の音にうっとり顔の楓すけ。ママのお腹の中で聞いた音に似ているの？　湯上がり、オッパイを飲ませる。ちゃんと出ているかは分からないけど。上手に吸う楓すけ。

※オッパイマッサージ
蒸しタオルをオッパイに当てて行うマッサージのこと。オッパイの出を良くし、乳腺がつまって起こる炎症や痛みを感じる乳腺炎を予防する効果があります。

※自宅出産（じたくしゅっさん）
病院ではなく、自宅で出産すること。

※沐浴（もくよく）
髪や体を洗うこと。新生児の場合はベビーバスを使いガーゼを使って全身洗ってあげます。

「いい感じじゃない！」と神谷さん。お風呂に入ってキレイキレイになって、オッパイを飲んだ楓すけはその後ぐっすりパイねんね※。そして、夜は泣いたらオッパイをくわえさせるのくりかえし。夕食後初めてオッパイが張ってくる。

※パイねんね
章タイトルでもあるこの言葉はわが家ではオッパイを飲ませ落ち着かせ寝かしつけることを言います。

Column

おそるべし！　母乳パワー！

とにかく最初が肝心な母乳育児。泣いたらオッパイの繰り返し。これでいいんです！　乳腺が開通するまでは個人差あるし、私みたく3、4日で調子良く出てくる人もいれば、1ヶ月かかる人もいるそうです。「私はすぐ止まっちゃって〜」なんて言う方は、すぐに粉ミルクを足したりしちゃったのでは？　根気よくあげ続けてれば必ず出るもんです。そういうふうにできてるんです。でも、赤ちゃんが欲しがる量と、実際に母乳が製造される量やタイミングなどが一致するまでに私は5ヶ月くらいかかりました。それまでは1回の授乳に2〜3時間かかったり……。そういう意味でも母乳育児は大変だけど、サイクルが整って波にのれれば、いちいちお湯沸かして作る粉ミルクよりも断然ラクだし、何より楽しいのです！　子どもとつながってる〜♪という一体感。そして一生懸命オッパイを飲む子どもの顔は本当に可愛い。私は乳腺炎などのトラブルも殆どなくてオッパイケアなんてしなかったけど、こういうのは体質的な問題らしいので。オッパイマッサージが拷問だった……なんて言う人もいたけど、私は極楽でした〜。とにもかくにも面白いから、母乳育児！　子ども産んだらこれやらなくちゃ損！　損！

※マタニティ・ブルー（P21）
出産によるホルモンバランスの変化で、産後に涙もろくなったり、情緒不安定になる状態のことを言います。この状態は産後1〜2週間で治まってきます。産後鬱（さんごうつ）とも言います。

※自宅退院（P21）
出産後、母子共に健康であれば数日で退院を迎えます。退院した日から夫婦2人だけでの育児がはじまります。

10・30

※マタニティ・ブルーらしいが、どうにも涙もろい。楓すけが泣くと「ごめんね」と一緒に泣き、忙しくてなかなか家にいれない夫を想い泣き、夫の顔を見て泣き、もう泣きっぱなし。昼間は母もいてくれるから比較的元気だが夜になると1日の疲れもあるのか、見通しのつかない子育てに不安というかキョーフを感じて泣く。楓すけは可愛いし、大好きなのに。

11・1

やっぱり神谷さんが来ると安心する。お産を終えやっと良いコミュニケーションがとれるようになってきたのに、明日で※自宅退院。淋しい。楓すけの※へその緒が取れる。可愛いおへそ。オッパイマッサージのおかげで、※残乳が出る（しこりがある上のあたりから出るオッパイは黄色く、それ以外は白いお乳）。黄色い古いオッパイ（つまり残りもの）はやっぱり美味しくないらしい。そりゃ出来たてが旨いよね。乳首のふくませ方など、気をつけてみよう。

※へその緒
お母さんの胎盤と赤ちゃんをつなぐための機能。赤ちゃんはへその緒から酸素や栄養素をもらい、不要なものを排出しています。切ったへその緒は記念に保管しておくケースが多い。

※残乳（ざんにゅう）
吸われずに残った母乳のこと。

Rie memo.

マタニティブルーは、お産が終わってホルモンが通常の数値にガクっと減ることで起きるらしいね。体は正直だね。

11・2

自宅退院。今日は※先天性代謝異常の検査を受ける楓すけ。足の裏から血をとるのだがかわいそうで見ているのが辛い。涙が出ちまう。あんなに小さな体で必死に生きてる楓すけ。頑張ったね。その他ビタミンKの※レメディを頂く。唯一母乳に足りない栄養らしい。ママが納豆とかブロッコリーとか食べていれば平気らしいが。楓すけの夜のだらだら飲みを相談すると「ちゃんと泣かせてから飲ませれば？」とのこと（ちなみにこの日はよく泣いたから、よく寝てくれた）。オッパイも良い状態だし、私も体重が減ったことくらいで、その他はきちんと回復してきてるから特に問題ない、とのこと（ちなみに体重45・5kg！　また減ってる。あんなに食べてるのに……）。1ヶ月検診は27日の予定。それまでに何かあったらいつでも電話をください！　と神谷さん。「頑張りすぎない程度に頑張って！」と。

11・3

本当なら今日が予定日。楓が生まれて1週間。もっともっと時間が経った

※先天性代謝異常（せんてんせいたいしゃいじょう）
生後5〜7日の新生児を対象に遺伝子の異常によって起こる障害のこと。早期に発見することで知能や発達の遅れを回避する事ができます。

※レメディ
ホメオパシーで使う治療薬。さまざまな物質をギリギリまで希釈して作る。角砂糖の粒に染み込ませ舌下で溶かして飲むのが一般的。ちなみに「ホメオパシー」とは、「似たものが似たものを癒す」という原理により、心身に入り込んだ病的エネルギーを押し出し「病気を終わらせる」療法です。

※超音波（P23）
妊娠中の超音波検査で、お腹の中にいる胎児の様子を見ることができます。

ような気分。それくらい、子供がいる生活は目まぐるしい。実家の母が手伝いに来てくれたり、夫が洗濯してくれたり……。みんなのサポートなしだったらどうなっていたことか！　本当にありがたい。昨夜も母が帰った途端に悲しくなる。淋しくなる。私には夫がいる。父や母がいる。神谷さんがいる。何より楓がいる。大丈夫、大丈夫と言い聞かせる。

夫の帰宅後、楓が寝てる隙に私も休まなくちゃならないのだが、夫にくっついて夫補給。足りない。楓は日々どんどん変化していく。顔つきもハッキリしてきた。「可愛い！」と思える自分の精神状態にホッとする。スヤスヤ眠る楓すけを夫と眺め、「可愛いねえ……」の連発。親バカさん。

そういや、オッパイ飲む楓すけの顔が妊娠中の超音波※で見た顔にそっくりだ！　オッパイを片方4、5分ずつあげるようにしてから良いペース。片方だけを10分も吸わせとくと、疲れて寝ちゃって、結果もう片方のオッパイが飲まれないまま……とバランスの悪いことになっていた。それと、オッパイを飲んでからゲップがうまく出ると、そのまま気持ち良さそうに眠る。昨夜はゲップなしですんなり寝てくれたが朝まで吐かないからおかしいなあ、と思っていたら、昼間のオッパイ中にものすごい勢いで大人が吐くみたいな量を一気に吐いた。その後スッキリ顔で爆睡。すまんのう、楓すけ。

Rie memo.

自宅出産は※会陰切開もなく体の負担も少ないから、ついあれこれ動いちゃうのですが、これ落とし穴！　開いた骨盤が戻るには時間かかりますからね。「自宅入院だと思ってね！」とは神谷さん談。

※会陰切開（えいんせっかい）出産時、膣口と肛門の間（会陰）が十分に伸びていないと肛門や直腸まで裂傷をおこすことがあります。そのため必要に応じて、ハサミで会陰を切ることをいいます。

11・4

昨日はお風呂後あっさり眠りにつくが、夜中1時頃に起きて、そのまま6時近くまでぐずる。眠い……。楓が寝てる隙を見て私も横になるが寝つけない。少し夫にくっついて横になる。また安心して泣く。楓も腕に抱いていると安心するのか気持ち良さそう。自力で寝返りうてないし、寝てばっかりも疲れちゃうよね。分かってはいるが、夜中それだと辛い……。

今日のお昼は夫にパスタを作ってもらう。幸せな味。出産届け※を出しに行ったり、大忙しの夫。ありがとう。それにしても昼間は案外あっさりパイねんねの楓すけ。夜のママさんの不安定さは楓にも伝わっているのだろうか？　夜は夫が初めてお風呂！　幸い、楓すけはお風呂好きなので、ほとんど泣かず気持ち良さそう。新米パパは悪戦苦闘！　お風呂後、お腹が空いて夫の指をちゅぱちゅぱ。「きゅーんとしちゃう……」パパさんなのでした。

※出産届け（しゅっさんとどけ）
赤ちゃんが生まれた後、出生証明書を本籍地、住民登録している市区町村、赤ちゃんの出生地の役所の戸籍課に提出します。提出期限は誕生後14日以内です。その際、赤ちゃんの名前も記入します。

11・5

昨日はお風呂が夜12時半頃。その後オッパイ飲んであっさり眠る楓すけ。

大人も子供も基本的には同じだよね。深夜3時頃、ぐずり、オムツ替えてオッパイ。添い乳※が良かったのか、私の気持ちが伝わるのか、飲みたいだけ飲んでこてっと寝る楓すけ。あんなに大変だった昨日って一体……。嬉しい!! その後、朝6時過ぎに起き、結果2時間おきに起きた楓すけだが、その間にしっかり寝てさえくれれば、案外乗りきれるもんだ。そういや、夜中のオムツ替えの時、ライブうんち!! ぷ～とオナラしたと思ったら、ゆるゆるウンチ噴射!! いつもオッパイ飲みながらとか平然とした顔でぶり～っとやる楓すけ。こういう事だったのね……。アッパレ!!

11・6

昨日はとにかくよく寝ていた楓。昼間寝すぎて逆に夜はやや元気……。う～ん、どっちが良いのか? 夫が遅かったのでお風呂タイムが心配だったがオッパイから4時間たっても起きる気配ナシの楓すけ。なんでー!? と思ったら夫がお風呂からあがって、準備OK! になった途端に目覚めて泣き出した。パパさんを待ってたのか? しかし、あんまりお腹が空いてる状態でのお風呂は大変。特に風呂上がり。お風呂前は軽くオッパイあげて湯

※添い乳（そいにゅう）
赤ちゃんと一緒に横になり、オッパイを寝たままの状態で吸わせること。

Rie memo.
添い乳はラクだよ～。特に深夜の授乳では。でも新生児の頃は赤ちゃんが小さすぎてうまくパイをくわえさせられず、小さなクッションやタオルなんかを重ねてバランスとってました。

上がりにまた飲ませて……っていうのが良いのかな？

昨日は昼間っから寝たまんまオッパイで、あんま抱っこしてあげてないので、今日は昼間から抱っこネンネさせてやる。抱っこしてると本当に気持ち良さそうにずっと眠る。ベッドに横になりっぱなしよりも、ママさんの腕の中の方が気持ちいいよね。ゆらゆら、とんとんするとスヤーっと夢の中へ。

2日くらい前から皮膚が少しずつむけはじめる。脱皮中の楓すけ。ホッペのぽつぽつ（新生児ニキビ※）も早く治るといいね。

11・8

昨夜も元気な楓すけ。夕飯後のオッパイを飲んだらぱたっと眠る。ここ2、3日のパターンだと、夜7時くらいから10時、もしくは夜9時くらいから長いときで夜中1時近くまで寝ていたりする。お風呂後はよく眠るはずが最近は逆にスッキリしちゃって……。うむぅ……。

そしてよく飲んでよく吐く!! 夜中、寝たかなあ、と思っても楓すけが少しウニウニ動いただけで吐くんじゃないかと思ってなかなか寝つけない。浅い睡眠をとれたとしても、見る夢は楓の夢。しかも苦しんでたり、ベッドか

※新生児ニキビ（しんせいじにきび）
皮脂の分泌が多いために起こるトラブル。石けんなどで優しく肌を洗ってあげ、常に清潔に保っていると自然と治るもの。

ら落ちそうになってたりする夢。あわてて起きると、横でスヤスヤ可愛い寝顔。心労が絶えない。朝7時過ぎから9時頃まで、オッパイをあげたらようやく寝たので、夫の横に入り込む。安心して爆睡。やっぱりよく眠れる。夜中は寝室に閉じ込められてるみたいでなんだか落ちつかないのだ。できれば、夫も一緒に寝てほしいのだが、夫も疲れてるからさ……。ワガママ言えない。でも……やっぱり辛い。

11・10

昨日は父と母が長い時間いてくれる。安心するし、楽しい。気を遣わなくていいし、親が近くにいてくれて本当に良かった！　実家に帰れば良かったなあ……と思うこともあったけど、そんなことしたら夫が何もできないパパになっちゃう。楓すけをお風呂に入れてもらったり、あやしてもらったり（せっかく寝たところに帰ってきて、起こされるのは少し困るが……）。ずっと一緒にいなきゃ、覚えてもらえなかったもんね。育児に全く不参加のパパは困るもの。来年からは私も仕事再開するし、いろいろ慣れて頂ければ有難いなあ。

Rie memo.
私の提案により、楓が産まれてからは仕事で疲れて帰ってきた夫がゆっくり休めるように寝室を別にしたのだ。

楓すけは日に日に大きくなってる！　お腹もだいぶポッコリしてきたし、全体的に立派な感じ（これでも小さい方だろうけど）。オッパイあげてそのまま抱っこねんねしたときはもう腕痛いし。すごいなあ、楓すけ。オッパイ、いっぱい飲めてるんだね。嬉しいよ、ママさん。がんばって飲んでな〜。

Column

ゲップと吐き戻し

息子が6ヶ月頃まで私がとにかく悩んでいたのは、楓すけの吐き戻しである。母乳を飲んだあとは一緒に飲んだ空気を出すために背中をトントンしてゲップさせてやるのだが、楓すけはこれが苦手でねぇ。飲むと飲んだだけ噴水のように吐くのです。その度に肌着もぐっしょり、お布団や私の服にも「どしゃっ」とかかり、洗濯機フル回転！　そのうちオッパイあげてると「嗚呼……またこれも吐いちゃうのかな……」と憂鬱になったりして。吐かない赤ちゃんは全く吐かないらしく、うーん個人差ありますね。ちなみに私の母に聞いたら「りえちゃんもよく吐いてた！」とのこと。そう、これって母体からの遺伝らしいんです。ビックリ。思い返せば、ゲップの出させ方には四苦八苦してあれこれ試して必死だったけど、なんかいつの間にか吐かなくなってるんですよね。育児の大変さは過ぎてしまえば笑って話せるもんです。人それぞれ大変さは違うと思うけど、頑張りましょう！　母ちゃんは強し！

chapter
2

生 後 1 ヶ 月

ママさん奮闘

11・11

いやあ、寝ないよ楓すけ。ちょこちょこオッパイ飲み続ける楓。寝たかなあと思って、隣で一緒に昼寝しようとすると「うにゃー」。結局、今日も日中寝れず……。夫が久々に一日中家にいたんだけど、ずっとお仕事。お昼ごはん食べようとすると泣き、夜ごはん食べようとすると泣き、とにかく大人の予定をすべてひっくり返す楓の行動に夫は驚き、そしてイライラ。どうだ、1日中、24時間フルタイムで楓に付き合う私がどれだけ大変か分かったか!!

昼間は相変わらず寝室にこもってオッパイをあげてたんだけど、落ちつくまでに3時間くらいかかり、なんだか泣けてくる。産まれてから2週間ちょっと経って、少し落ちついて……というか冷静になってきて、疲れもキチンと感じるようになり（これまでは何か興奮していて、少しハイテンションだったため、ラリラリだったの）。いつまで続くのか見当もつかない状況に、イライラしてしまった。楓すけはぐずりっぱなしだし（オッパイがもっと欲しいのだ）。うーん分かっているのだが、1人でどうにかしなきゃと思うと駄目ですね。結果、夫が私の不穏な状態に気づき（やっと!!）様子を見に来る。泣いている私を見て、軽くヘコむ夫。ああ、悪循環。

しかし、ここは互いに頑張りどころ。私は泣いて、モヤモヤ吐き出して、再びオッパイ。とにかく「辛いよう!!」ってことを夫に知ってもらいたかっ

Rie memo.

何でだろ？　夫が嫌いなわけじゃないのにね。夫が「赤ちゃんがえり」って感じでした。大きな赤ちゃん（夫）、小さな赤ちゃん（楓）。母ちゃんクタクタだよ！

たのだ。１日のうちで、ほんのちょっとしか楓と接してなくて（お仕事だから仕方ないけど）、それだけで「楓はあまり泣かなくていい子♡」などと、片づけられると、イラっとしちゃうのである。深夜の授乳のコドクさを知っているのか!?　隣の部屋で眠る夫を気遣う私を知っているのか？　１回のオッパイにどれだけ時間がかかるのか知っているのか？　ゲップさんが出なくて苦しむ楓すけを見てるのがどれだけ切ないか知っているのか？　もうキリがない。っていうか、私もそういう不満をちゃんと伝えろよ！　って話なんですが。はい。

しかし、夫の前で泣いたらスッキリ。少しだけ。今まではオッパイ飲ませて、ちゃんと寝かせなきゃ!!　と思い込んでたが、別にぎゃーぎゃー泣いてなきゃ、抱っこしたり、近くに置いて軽くあやしながら起こしたっていいわけだ。今日は初めてオッパイあげつつ夕飯（夫が太巻きを買ってきてくれる。キチンとした美味しい食べ物や母の手料理も大好きだが、外ゴハン好きな我が家なもんで、この時期旨いテイクアウトものは有難い。家の中にこもりっきりなので、心も豊かになる）。楓すけがだらだらオッパイなら、私もだらだらあげればいいわけだ。カンタンなことなのに気づかなかった。

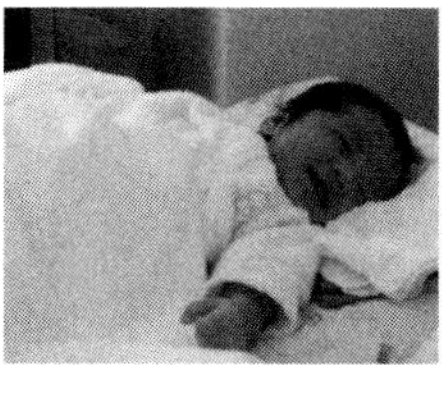

off shot
自宅にて

11・12 ［夜／47・0kg］

昨日は案外よく寝てくれた楓すけ。2、3時間まとめて寝てくれると助かります。今日は祥子が心平を連れて遊びに来る。4ヶ月で7kgの心平はものすごい成長ぶり。赤ちゃんっていうよりは立派な「コドモ」。楓すけも気づいたら、ああなるのかぁ。少しずつだけど、楓すけ大きくなったなぁと思っていたが、全然まだまだ幕下の楓すけ。しかし、お客様がいるとお利口な楓。祥子と色々話せて、少し楽になる。

11・13 ［朝／46・6kg］

昨日はあまりに眠くて添い乳したまま寝てしまった……。パイ丸出しで目が覚めると楓すけが吐き戻したまんま1人遊びしていた……。すまーん!! と思いまた逆のオッパイをくわえさせて眠ってしまう私。結果、朝の6時くらいまで1、2時間おきくらいでそんな調子。泣かないでフビンな楓すけ。

今日は午前中、神谷さんにTEL。ホッペのぷつぷつについて質問。もしかしたら炎症おこしてるかもしれないから、よく泡だてた石けんで洗ってみて、とのこと。私の食べてるものの影響かしら？　と思ったが、卵や牛乳ばっかをしこたま食べてるなら別だけど、いろんなものをバランスよく食べてるなら多分問題はないでしょう、とのこと。ケーキやカロリー高いものも毎日毎日たくさんでなければ大丈夫みたい。食べ物の影響なら顔以外の首や体にも湿疹が出てくるらしい。あまり気になるなら小児科で薬出してもらうのが早いらしいが……。多分様子を見るカタチで問題ないとのこと。今夜のお風呂でキレイに洗ってあげよう！

11・14 [朝／47・2kg]

夫におしゃぶり買ってきてと頼んだら「一番高いの買ってきちゃった！」と満面の笑みで、「哺乳瓶の乳首」をさし出す夫……。「おしゃぶり」と「哺乳瓶の乳首」を間違えるとは、スパルタ教育が必要なようですな。

11・15

今朝、授乳が終わってウトウト楓すけの隙を見ながらオムツ替え……。と思ったら※長肌着にウンチがべったり!! 右足のわきから大量のモレ。昨夜はいいペースでパイねんねしてくれていたのに、ここでしくじるとは……落ち込む。しかも洗濯したばかりで肌着がほとんどない。残っているのはめんどうな足つきばかり。仕方なく頂きものの※ロンパースを着せてみる。これで落ちついた……と思った瞬間、ケポーっと吐く楓すけ。またしても肌着の首まわりがぐっしょり。

気づけば※デロンギヒーターにかけてた肌着が乾いていたので、それに着替えさせる。夏場だったら※短肌着にオムツでOKなのになあ。冬は着せるものも多く、汚したときが大変。しかも、楓すけは白が似合うので短肌着のみってのがすんごい可愛いのだ! 着替えやウンチで汚れた肌着を洗っていたらもう夜9時前。朝5時半頃に起きてたから……いい加減眠い。楓すけも疲れたのかオッパイ片方飲んだら寝ちゃった。

あ! ちなみにおしゃぶりですが助かってます。最初口に入れたらゴムがまずいのかイヤイヤ顔だったけど、まんまとしゃぶってる。しかも、可愛い。しかし、空腹が絶頂に達しているときは無理。冷静に上手にしゃぶれないのだ。

※長肌着（ながはだぎ）
すそが長く、足まですっぽり隠れる下着のこと。

※ロンパース
上下が一続きになった子供用の服のこと。股の部分にスナップが付いていてオムツ替えも楽に行えます。

※デロンギヒーター
イタリア家電メーカーであるデロンギ社のヒーターのこと。ファンを使用していないので、チリやホコリなどを舞い上げることがなく、音も静かなので赤ちゃんがいても安心して使えます。

※短肌着（たんはだぎ）
袖は五分丈で、赤ちゃんのお腹が隠れる程度の下着のこと。ほとんどが「きもの」形式で前で紐でとめるようになっています。また肌の弱い赤ちゃんのために縫い目が外側になっています。

Column

オムツ界のエルメス！

病院でも一番使われてるというパンパース。他のメーカーに比べややお値段も張りますが、色々試した結果息子にはベストでした。いやぁ、さすがだよ！　友達に「パンパースはオムツ界のエルメス！」って教えてもらったんだけど、その通り！　肌触りの良さなんて、思わず頬ずりものです。新生児期のゆるゆるウンチはどうしても漏れたりして、他のメーカーの「ウンチストッパー付き！」なんてのも試したけど、どうしたってこの時期は漏れちゃうね。ちょっとの辛抱です。まぁ赤ちゃんの体型によって合う合わないはあると思うので、色々試して我が子のベストを見つけてくだされ！　ちなみに私もママ友達から他のメーカーのオムツをお裾分けしてもらったりしたよ！

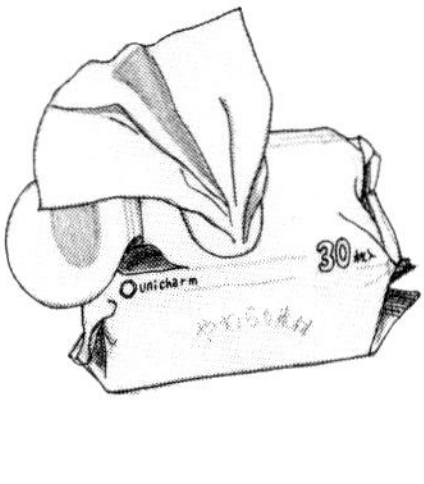

11・16 ［夜／47・0 kg］

昨夜は12時半頃寝た！　と思ったらすぐに起きちゃった楓。珍しく派手に泣く。なかなか寝てくれずママさんくたくた。仕方なく、添い乳。何度か場所を変えて、オッパイあげつつ……またパイ丸出しで一緒に眠ってしまう……。気づけば朝8時近い。ゲップさせずに飲ませ続けてたので、ぐずぐず言いはじめたと思ったら軽く吐いた。ぐずってたのは知っていたが、私もボケていたものでな、すぐに起こしてあげられませんでちた。スマン、楓すけ。その後、夜中にためこんだウンチを替える。パンパースはかなりたまりしても、心配なしの安心設計（な気がする）。
今日は昨夜ためこんだオッパイを吐き出すようにケポケポ。添い乳した次の日はよく吐く。あと添い乳だと、一緒にぐっすり寝ちゃって、起きたときにオッパイが張って痛い……。ちょこちょこ飲まれるのは大変だけど、オッパイのためには良いらしい。今日は右のオッパイの上の辺りがちくちく刺すように痛い。イヤな予感!?

11・17

昨夜はいい感じで寝てくれたような？　軽く寝ボケていたのでぼんやりとしか覚えていない……。楓すけはよく寝たからか、今日はなかなか眠らない。っていうか、上手にゲップさせれず、ゲップが出たとしてもケポケポとよく吐く。最近は「なんで泣いているのか？」を観察するのだが、オッパイなのか、気持ち悪いのか？　これは迷うところだ。ぐずぐずしていても、立派なゲップが出るとすこーんと寝る。そりゃそうか。

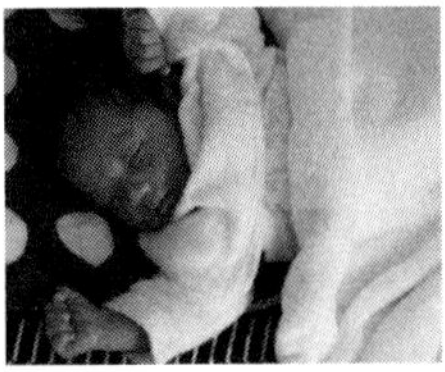

off shot
自宅にて

11・18

よく泣く。驚くくらいに泣く。今まであまり泣かなかったもんだから……。と、同時にオッパイの出が少ない気がする。張ってくる感じがあまりしないのだ。だから泣くのか？　しかもやっと飲んだかと思えばケポーっと吐く……。あーあ。しかも着替え終わった瞬間とか、マクラをはずしてベッドに寝かせた瞬間とか、本当にナイスタイミングで吐いてくださる。しかし、泣いても泣いても涙がでないのか？

11・19

最近思ったのだが、夫が休みで家にいるときに楓すけがよく泣くような……？　私が何気に気遣ったりしてるのが、楓にも伝わるのだろうか？　１人だと淋しいし、つまんないし、落ち込むことも多いけど、逆に気が楽だったりもする。夫がいると、楓すけも見てなくちゃならんけど、夫の相手もしたいし……ってぐちゃぐちゃしちゃうのだ。

11・20

授乳ブレンドハーブティー[※]が届く。暖かい具沢山おうどんを食べたりしたのもあるけど、またオッパイいい感じ。お風呂に入れるとき、下着をはずしたら、母乳が垂れてた……ポタポタと……。しかし、楓すけ、右の乳首くわえるのが下手くそ。左は上手にパクっとしてくれるのになあ〜。右は授乳中もよく乳首をはずしてしまう。なんで？　右側さん、ちと痛い。

ここ2日くらい夜は2、3時間まとめて眠ってくれるので有難い。最近はきちんと起きて、授乳して、トントンゲップさせて寝かせている。立派なゲップが出ると私も安心して眠れる。それにしても可愛い。本当に可愛いなあと思う。オッパイを飲んでる横顔なんてたまらん。これはママの特権である。

※授乳ブレンドハーブティー（パイ茶）
ドイツマリエン薬局が出している「授乳ブレンドハーブティー」。乾燥したリーフ状のハーブの持つ薬効成分を抽出させるため細かくすり潰してからお湯を注いで頂きます。

Column

授乳ブレンドハーブティー＝パイ茶

もともとハーブティーは「なんか草の味がする……」って感じであまり好きじゃなかったんですが、ドイツ・マリエン薬局から出てる授乳ブレンドは美味しい！　友達に聞いて飲みはじめたんだけど、あまりに美味しくて授乳期間の水分摂取はコレに決めてました。授乳ブレンドは母乳の詰ま

Column

りやトラブルが起こりにくくなるし、とにかくパイが出る！　出る！　私は息子が授乳中に口をはなすと、ぴゅーっとシャワーのように出てたくらいです。もちろんコレだけのせいじゃないかもしれないけど、私は「授乳ブレンド飲んでれば大丈夫！」と信じきって、1日2リットルとか飲んでました。ポットにたっぷり作って常備。

母乳はママが飲み食いしたものがダイレクトに出るので、赤ちゃんの状態にも効果テキメン！　楓すけには麦茶なんかの代わりにも飲ませてましたが、そのおかげか夜泣きはしない方だったんじゃないかな？

11・21

最近、激しく泣くことが増えた。顔を真っ赤にさせて、「おぎゃー！　おぎゃー！」とまさに「赤ちゃん」。昼間は、それでも可愛いなあと、笑ってしまうのだが、夜中長いことこれをやられると少しオロオロしてしまう。この泣き方は「えっ？」っていうタイミングに（パイねんねしたと思った途端とか、とにかく今日は落ちついてるなあ……って安心した瞬間）いきなりはじまる。今日の夜もマンション中に届きそうな声で泣き、体をくねらせ、くしゃみしたら鼻水がどしゃっ！　っと出て、自分でビックリしてもっと泣いちゃうわで……。再びオッパイをくわえさせたら、じわじわ飲みはじめた。

やっぱりオッパイなのか。最終的に朝4時頃まで、ウトウトぐずぐず。なんか飲んでもすぐ寝ちゃって、離すとすぐ起きちゃうの繰り返し、ちょっと仕切り直しで、パイ茶（授乳ブレンドハーブティー）を飲んだら不思議と元気にごくごく飲みはじめ、あっさり寝た。効果アリなのか？

11・22 【夜／47・6kg】

Amazonから注文していた育児書が届く。面白い。今日の楓すけは……またしても元気いっぱいに泣きまくり。産まれて1、2週間はほとんど泣かなかったのになあ。どういう変化なのだろう？ 最近オムツかぶれが出てきたので、今日はお湯で洗い流すように拭いて、最後にドライヤーで乾かしてあげた。非常に気持ち良さそう。乾いたところにカレンデュラ※のクリームをつけてあげる。ウンチの回数も増えてきていて、なるべく気持ち良く過ごさせてあげたい。夜中の「おぎゃー!!」にはこちらも泣きたくなるが、やっぱり可愛い。可愛くて、可愛くて仕方がない。顔の湿疹は一時期よりは良くなったけど、まだ微妙。牛乳のせい（？）と思い、ちょっとお休みしてみよう。まあ、その前に間食の甘いものやめろって話ですね。

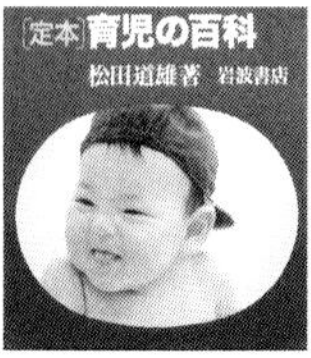

book
『[定本]育児の百貨』
岩波書店　松田道雄

※カレンデュラのクリーム
100％自然植物ベースの素材のみを使用して精製された植物の持つ特性を活かしたホメオパシークリーム。ちなみにカレンデュラとはキンカンのことです。肌を乾燥から守ってくれます。

11・23 [夜／47・2kg]

昨夜は1時30分、3時30分、6時30分のオッパイ。3時間まとめて眠れると、次の授乳のとき私もだいぶスッキリ。しかし、お昼のあと、ずんだもちを食べたら、久しぶりにオッパイが張ってきた……。しかもちと痛い。今まで何を食べても大丈夫だったので、カロリーが高く食べすぎはオッパイに悪いと言われるおもちも「まぁ、平気でしょ！」と食べちまったのだ。そしたら、パンパンのオッパイ。あちゃーと思いハーブティーをがぶ飲み（↑気休め）。その後は授乳の際、楓すけに「すまんよー、ママさんパイ痛いんだよー、だから助けてねー」とお願いする。頑張って飲んでくれるものの、軽く痛みが残る。いつもなら飲み終わるとふにゃふにゃオッパイなのに、今回はまだ軽く張っている。その後も授乳を繰り返し（15時30分、17時、19時、21時30分、23時）やっと痛みも収まり、軽いしこりもなくなる。ありがとう、楓すけ!!

ちなみに今日は授乳タイムも片乳ずつ、3分・5分・7分・7分にしてみる。今までは10分・10分だったから。10分だと途中で疲れちゃう楓すけだが3分・5分・7分・7分だといい感じ。ちょっとこれを続けてみよう!!

Rie memo.
おもちは母乳をよく出すとは聞いてましたが、ホントですね。人それぞれですがオッパイトラブルが起こりやすい人は避けたほうがいいかもね！

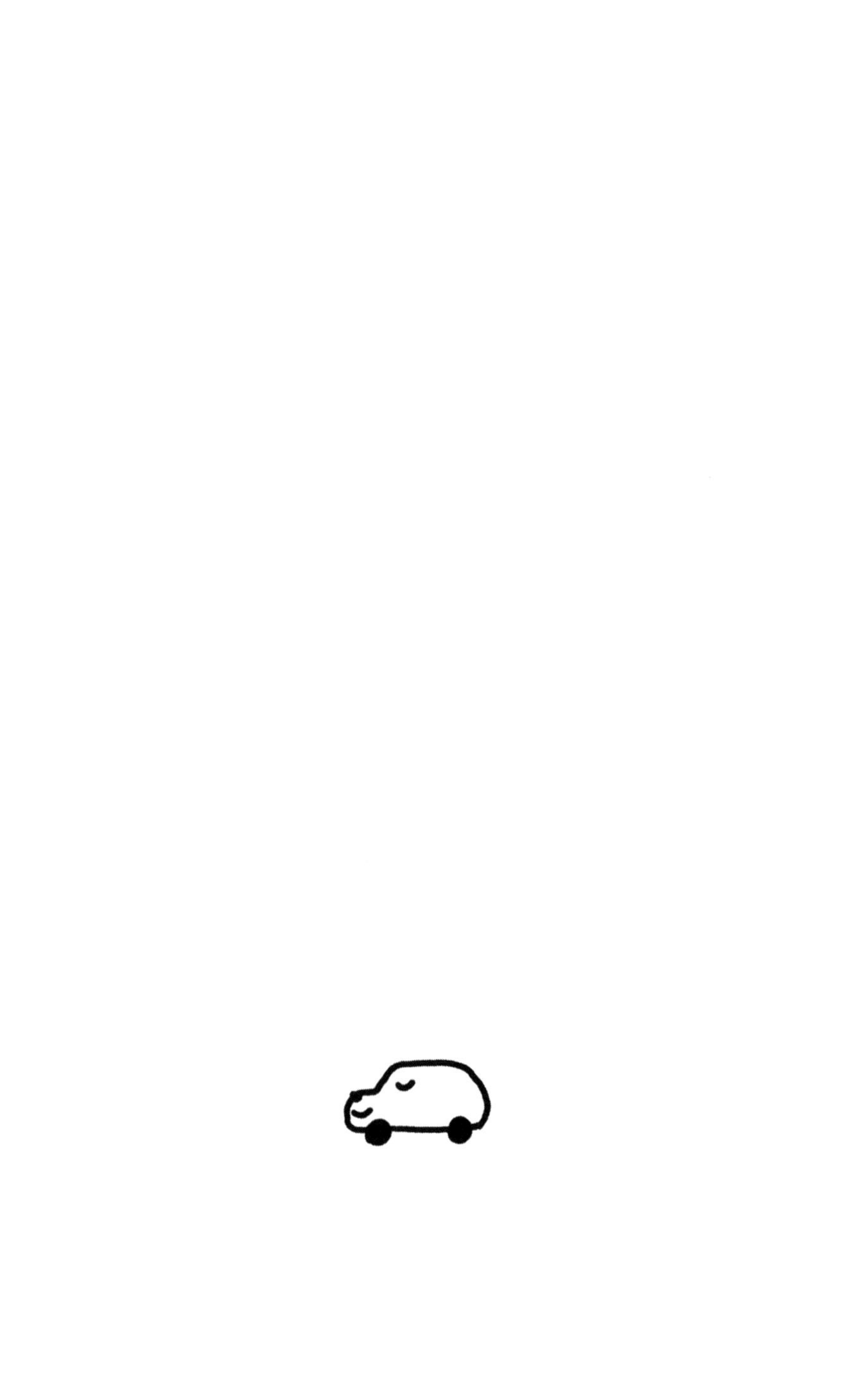

chapter 3

生後１ヶ月～２ヶ月

楓すけ、戦う

11・26

昨日もずっと添い乳。ラクチン。しかし、赤ちゃんは眠るのが下手くそというのは本当!! うとうとしかけたときに大きな音でもたてようものならビクッ! と目を覚ましてしまう……。

今朝は寒かったので、楓すけを抱っこして寝る。あったかくて可愛い。真っ赤になっていたオムツかぶれはお湯で洗い流すように拭きとった後、よく乾かして（余裕があればドライヤー）、ベビーオイル※を塗ったら良くなってきた。オイルでコーティングされてるからぺっとりくっつくこともない。

11・27

今日で1ヶ月。おめでとう楓すけ。

午前中、神谷さんが来てくれて1ヶ月検診※。母子共に問題なし。3週間前から1200gも増えて、3800g! ママさんのパイのみで!! 1時間おきに泣かれるとオッパイ足りてない……!? と思うこともあったけど「そんな事は全くありません」とのこと。オッパイの様子も見てもらったが、

※ベビーオイル
赤ちゃんの肌を乾燥から守ったり、汚れを落としたりするために使います。

※1ヶ月検診（いっかげつけんしん）
出産から1ヶ月後に母体の健康状態や回復の様子、また赤ちゃんが無事に育っているかを診察します。

「いいオッパイになっちゃって！」と褒められる。心配だった搾乳※などの問題は「一番ラクな方法でいい」とのこと。拍子ぬけ。神谷さんから楓すけ用の木のお椀を頂く。感動！

11・28

夫、お休み。お昼は焼きうどんを作ってもらう。楓がよく寝ていたので（今日は日中とにかくいいタイミングで寝てくれた）、産後、初外出!! とは言っても薬局まで。でもすんごい気持ちいい!! 久々に１人っきりの時間。ぺったんこのお腹で歩くのが不思議な感じ。つい妊婦中のくせで、お腹に話かけてしまう。薬局で粉ミルクの下見と、コンビニで立ち読み。それだけでリフレッシュ！ 30分弱の外出でしたが、良い気分転換になりました。

※搾乳（さくにゅう）
赤ちゃんがお母さんのオッパイを直接飲むことができないときやたまりすぎた場合などにオッパイを搾ること。手、もしくは器械を使って搾ります。

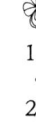

11・29

楓と初の散歩。抱っこひもで立て抱き※にしてみる。相変わらずよく吐く彼はお出かけ前にケポケポ出してスッキリ顔。くつ下をはかせていざ出発!! 肌寒いがとても良いお天気。気持ちいい。楓すけは緊張のためか固まっている。しかし、歩いて伝わる振動が気持ちいいのか、ウトウト。車の音などに驚いてビクッとする楓すけ。普段は気にしたことなかったけど、外は「音」で溢れているので騒がしい。商店街に流れる音楽とか、ドアの開く音でさえも気になる。楓が不快ではないか気になる。しかし、泣いたりぐずったりすることもなく（固まってるだけ？）終始おりこうさん。途中ウンチをしたらしく、きばる楓すけ。でもお利口。正味30分程度のお散歩でしたが、ママさんにとっても、良い気分転換になりました。また行こうね、楓すけ。

11・30

楓すけが寝てる隙に納豆ごはんを急いで食べ（2善も）、オッパイ飲ませて、きちんと（！）ゲップさせて散歩の準備。今日はロンパースを着せる。可愛

※立て抱き（たてだき）赤ちゃんの頭に手を当て、おしり部分と首を支えます。安定感があり、目も合うので赤ちゃんは安心します。補助道具にスリングやベビーキャリア（抱っこ紐）があります。

Rie memo.
立て抱き用の抱っこひもは「ベビービョルン」のものを使ってました。デザインも好き。

い!!　電車の音や本屋さんに驚いてた。楓すけがびくっ！　とするたびに心配になってしまう。

12・3

パパさん、舞台『走れメルス』初日。朝は久々に一緒にごはん。納豆パスタと西尾サラダ※を楓すけをあやしながら作る。楓すけのいる生活にもだいぶ慣れてきた様子の夫。やっぱり一緒にごはんは嬉しいね。楓は途中泣き出すが、おしゃぶりさんくわえさせたら泣き止んだ！　しかもそのまま寝た！　夫を見送り、再び起きた楓すけにオッパイ。

散歩の準備中に（小林）聡美さんがお祝いを届けてくれる。良かったね、楓すけ。今日の散歩はぐずっていたなあ。やっぱり1時間が限界。帰って来るとそのまんま寝ちゃう。近所の散歩は慣れてきたのかな。新しい情報が入るとビックリしちゃうけど、それでも一つひとつ吸収してる楓すけ。健気さん!!

最近（ここ1週間くらい、1ヶ月目に入ってから）まゆ毛がしっかりしてきた楓すけ。どうやらママさん似。あと、まゆ毛の間とか、その周辺の皮が

Rie memo.
西尾サラダはうまいよ〜。食べやすくちぎったキャベツに、EXバージンオイル、レモン、塩、ブラックペッパー、ほんだし、みじん切りのニンニクを入れて混ぜるだけ。キャベツがしこたま食べれます。

※西尾サラダ
女優の西尾まりさんから教わったサラダ。

むけてきた。ホッペの湿疹は日によっていろいろ。でも一時期に比べたら断然良くなった。あとオッパイも良い調子。油っぽいものを食べても（甘いもの）詰まったり、張ったりせず、良い調子なのもハーブティーのおかげ？

1ヶ月を迎えて、表情が豊かになってきた楓すけ。可愛い!! 今朝、泣き出した楓すけをあやしてた夫が「楓すけが笑ったよ！」と大喜び。ニコニコニコニコする楓すけを見て涙うるうるの夫。2人とも可愛いのう。

12・27 【2ヶ月目突入】

気づけば、2ヶ月目を迎えた。あっという間じゃあ。1ヶ月を過ぎて少しずつ外出をはじめると、本当に時間が経つのが早く感じる。1ヶ月半頃から、夜も2、3時間、多い時は5時間くらいまとめて眠るようになった。授乳間隔も2ヶ月近くなって、やっとこ2、3時間空くようになってきた。目もよく見えるようになってきたのか、ベッドの上のモビール※にも注目してる。ぐずったときにモビールを揺らすと少しの間は落ちついてくれる。ジジババ（父母）がクリスマスにくれたおもちゃでも楽しそうにしている時間が増えてきた。あやすと笑ったり、と少しずつ反応がかえってくるようになり、ます

※モビール
紙やプラスチックなどの軽い素材を形取り、糸で繋げバランスを保った状態で吊るすインテリアや知育玩具として飾られるもの。

ます可愛さＵＰ。いやぁ、本当に可愛い。笑った顔なんて殺人級の可愛さ。親バカかしら？　と夫と２人で首をかしげたが、いやいやそんなことない!!　顔つきもさらにしっかり。

　オッパイは基本的に５分５分。たまに、もう５分。夜寝る前は20分くらい飲む。リエパイの量は絶好調。楓が途中で乳首を離すとピュー!!　と噴射。そりゃ、楓もむせるし吐くわけだ。まだまだよく吐くのは、悩みのタネ。もう少しの辛抱らしい。吐かれるのはキツいのでね……。早くおさまって欲しいものです。

　体重も確実に増えてる感じ。重いのなんの。抱っこしてるから腰がキツくて毎週の整体が欠かせない。ベビーカーでお散歩も駅前までは楽々。日中は大抵が２時間おきオッパイのため、あまり無茶なお出かけはできない。外食する場合は、子連れだと何かと気を遣うので個室だと有難い。お宮参り※の中華も個室で楽々だったし。しかし、外だとお利口な楓すけ。助かっております。

　最近のパターンは夜12時前後に寝て、４時近く、いいときは５時過ぎまで寝ている。それ以降は２時間おき。夫が起きる朝10～11時頃はすこぶるご機嫌。とにかく、にっこにこ!!　だいたいこの時間帯に撮った写真は最高に可愛い。お散歩は昼１時前後、今ではだいぶ寒くなったので、なるべく太陽が出てる暖かい時間帯に。前の日にお出かけ頑張った次の日などは、あまり無

Rie memo.

授乳間隔は、月齢によってホント色々でした。30分おきだったり、３時間おきだったり。育児書は関係ないよ、我が子を信じよう！

※お宮参り（おみやまいり）赤ちゃんの誕生を祝う行事の1つ。男の子は生後31日目、女の子は生後32日目に行うのが慣わしですが、1ヶ月前後であれば体調のいい日に行けば差し支えありません。

理せずに楓のペースに合わせる。今日もめずらしくよく寝ていたので、散歩お休み。夕方はぐずりやすい。寝たかもと思って置くと泣いちゃうから。30分以上抱いてないと駄目ですな。

まだまだ夕飯の準備は難しい。お風呂は夜10〜11時頃が多い（夫の帰宅時間に合わせて）。最近は私が先に入って急いで洗い、それから夫と楓が途中から入って一緒に洗って、私と出るのがパターン。相変わらずお風呂好きの楓すけ。しかし、あまり長風呂だとのぼせて泣く。お風呂の後は寝室を暗くしてオッパイ。5分5分の抱っこオッパイで寝ないときは添い乳。夜の授乳は添い乳率高し。ゲップさせないのは気になるけど、これが一番寝つきがいい。寝たかな？　と思ってもぐずりだすときはたて抱きでゲップさせたり、ウトウトしてるうちにオッパイをあげると再びスコーンと寝てくれるときもあれば、派手に吐いてパッチリ起きてしまったり……。いろいろです。

今思えば1ヶ月までのツライ深夜の授乳タイムは、オッパイの量も足りてなかったのかな。オッパイの量が増えてからは、そんな無意味に泣かなくなった。外出もはじめて、私もストレス解消できる時間が増えていろいろな意味で楽になった。何より本当に楓すけを可愛いと思えるようになってきた。最近ではオッパイ揉み揉みしながら飲む楓すけ。たまらん!!　かーわいーのだ。ぐびぐび飲んでケポケポ吐いて、ぶりぶり大量ウンチして、着々と体重も増えて、言うことないね。元気が一番、すくすく育て〜楓すけ。

1・2

気づけば新しい年。楓すけが生まれてからは怒濤の日々で本当にあっ！という間に過ぎました。1ヶ月過ぎた頃から外出をはじめ、家のことも自分でやらなきゃと思うと、日記なんぞ書いているヒマはほとんどありませんね。12月28日には初めて母にあずけて、芝居観劇。途中オッパイ張ったけど、4時間くらいなら大丈夫だね。しかし、お留守番していた楓すけはミルク60ccくらいしか飲まなかったらしい。やっぱりオッパイ好きになっちゃったね。でも、1人で出かけられるのは本当にいい気分転換!! 何も気にせず運転して、何も気にせず大音量で音楽聴いて……一瞬楓を忘れとった。でも、すぐ思い出した。すんごい会いたくなっちまった。

2ヶ月過ぎて、楓の飲む量が増えたのか、オッパイの量が減ったのか、授乳間隔が短くなった。2時間もたないことが多くなった。あと、ぐずって泣くことが増えた。今までは、お腹がふくれればイイ子だったのに（抱っこしてれば）。しかし起きてる時間が増え、ぐずることが増えたのと同様に1人遊びも多くなった。吐き戻しもだいぶ減ったけど、まだまだ。1日に2回くらい着がえることもしばしば。でも相変わらず日に日に大きく重くなってる。ウンチもぶりぶりしてるから心配なしですね。

Rie memo.

いきなり哺乳瓶でのミルクにチャレンジさせたけど、楓は嫌がって全然ダメ…。パイになれちゃうと、哺乳瓶の乳首が嫌いになる子もいるから、早めに仕事復帰したいママは哺乳瓶トレーニングもしたほうがいいかも。

1・3

昨日は実家へ。楓を連れて初めて遊びに行く。新鮮なのか、比較的ゴキゲンさん。お腹空いたときとゲップしたいとき以外はお利口。ジジババに抱かれるとニコニコの楓すけ。よくできた子じゃあ〜。

1・7

七草がゆを食べる。今年1年健康でありますように。

楓はさらに大きくなった感じ。ここ1週間くらいウンチがゆるく緑っぽいのが出ることも多くドキドキ。風邪っぴき？　昨日くらいから再びぷつぷつが混じった今まで通りのウンチ。良かった!!

最近、調子にのってお出かけしまくってたから……疲れちゃったかな？　菌をもらっちゃったかな？　インフルエンザも流行ってるから気を付けよう!!

夕方から夜にかけては機嫌悪し。ぐずって泣

Rie memo.
母乳の赤ちゃんのウンチは、ママが食べたものによって状態が色々みたい。

く！　泣く！　パパが帰ってくるとニコニコ。ママとばっかりじゃ飽きちゃうのかしらね。昼間、ママが見えなくなると泣くくせにー。

1・12

陽子ちんが手作りスリング持って、息子のゆうちゅけといっしょに遊びに来てくれた。お客様が来るとお利口な楓すけ。そのお利口ぶりは、陽子ちゃんが驚くほど。オッパイ飲んでゲップさせるために背中をトントンしてるとそのままスコーンと寝る。陽子ちんはゆうちゅけが楓すけくらいのとき、ス※リングに入れて家中をぐるぐる歩いていたらしい。あ、そういや久々にゲポーっと吐いた。昨夜からよく吐く。ゆうちゅけはほとんど吐かなかったらしい。でも赤ちゃんにとって、空気がたまってる状態はとても気持ち悪いものらしい。楓も上手にゲップさん出るようになるといいな。

しかしスリングはいいね。楓も入れた途端、かくっと寝た。そのままスーパーへ。スヤスヤさん。帰宅後もそろーっと降ろして寝かす。2時間くらい眠りっぱなし。久々に呼吸してる!?　と確認してしまった。

Rie memo.

陽子ちん手作りのスリング最高！　同じようなのがNew Native 社のスリング。リングがなくて使いやすい！　たたむとコンパクトで持ち運びにも良し。いくつもの抱き方で３歳くらいまで使えるそうです。

※スリング
抱っこの補助道具。輪になっている布の片方から腕を通し頭をくぐらせてたすき掛けにし、ハンモック部分に赤ちゃんを入れます。常に赤ちゃんと一緒にいられ、両手も空くため多くのお母さんが愛用しています。

1・15

楓すけの肌アレが最高にヒドイ。新しいクリームを使いはじめてから悪化したような？　かゆそうに、手でこするのである。ニキビっていうより、固まりになって赤くかぶれてる。ジュクジュクではなく、かさかさしているタイプ。今までも甘いものは食べてたし、大きな変化といえばやっぱりクリーム？　昨日は久々に石けんで洗い、何もつけなかった。すると、こすらなくなった。やっぱりクリームが合わなかったのかな？　せっかくニキビのポツポツが良くなってきたのに……。真っ赤に腫れたようなお顔はちとかわいそう。もう少し様子を見て、治らなかったら病院へ行こうかな。

1・16

鍼灸※キャンセル。天気も悪いし、楓すけの肌アレもヒドイため、なんとなく外出気分になれず。今日はいっぱい抱っこしてあげて、2人でいちゃいちゃ過ごすのだ。午前中、神谷さんにTELしたところ、母乳が原因だったら、もっと早くからトラブルが起きているはずだとのこと。月齢的にも、季節的

※鍼灸（しんきゅう）
妊娠出産は想像以上に体力がいるため、お産前は妊娠中毒症の改善やつわりの軽減などに効果があり、産後は肩こりなどに効果があります。

にも、肌トラブルは多くて当然らしい。「かゆそうにしているなら放っておくわけにもいかないし、小児科へ行ってみたら？」とのこと。※大葉さんに相談したら「2〜3ヶ月の赤ちゃんが必ず経験する※排泄期。皮膚もただの皮じゃなくて臓器だから、この世の細菌と出会って、不要なものを出しているの。楓すけ、エライぞ！ と誉めてあげて！」とのこと。私が妊娠中にとった食事など、お腹の中にいたときのホルモンの影響もあるらしい。うーん楓すけ、頑張って毒と戦ってるの？

Column

ママさんの食べ物→母乳→赤ちゃん

母乳の場合、ママが食べたものが赤ちゃんにダイレクトに影響してきます。うちの母親は「オッパイあげてんだからとにかく食べなさい！」とエネルギーになりそうなメニューばかりすすめてたけど、これは間違い。おいしいパイを製造するには粗食がいちばん！ 具沢山のお味噌汁なんか最高。体も暖まるし、お野菜もとれて栄養バランス的にもグー。産後のダイエットにもいいですよ。私は乳腺炎などのトラブルもなかったんで、甘いものも程々に食べてました。からあげ1個で乳腺炎になった友達もいたので、これも人それぞれ。体質だね。しかし授乳期の食欲といったらもう！ 食べても食べてもお腹が空くのです。ゴハン2膳は当たり前、私は夫よりも確実に食べてました。そりゃあれだけパイあげてれば当然か。赤ちゃん

※大葉ナナコ（おおばななこ）さん
出産界のカリスマと呼ばれるバースコーディネーターで5児の母。バースコーディネーターとは、新しい命に向き合う〝妊娠前、妊娠中、産後〟の時期に、女性やカップルの心とカラダと暮らしをサポートするプロ。QOL（人生の質）の向上に役立つ情報を提供してくれる。両親学級の講師や研究、テレビ番組の出産シーン監修などで活躍中。お問い合わせは有限会社バースセンス研究所 http://www.birth-sense.com

※排泄期（はいせつき）
体の中にたまっていた老廃物を排泄する時期のこと。この時期に新生児ニキビや疾患などができます。

がアトピー体質だったりすると、ママも食事制限が出てしまったり大変だけど……。楓も肌トラブルは多かったので心配でしたが、なるべく前向きに考えてあげたいですね。

1・17

学大クリニックへ連れて行く。「乳児湿疹でしょう」※とのこと。この程度なら2〜3ヶ月の間によくあることらしい。胎内で私から伝わったホルモンのせいらしい。そのホルモンがなくなるにつれ、良くなっていくんだって。先生の丁寧な説明を受けて、薬をつけてみる。今日はステロイド※の入っていない塗り薬とワセリン※をもらう。1日それぞれ2回。少し様子を見てみよう。

オッパイを飲めばゴキゲンな楓。授乳間隔はほぼ3時間おき。いやあ、3時間空くと本当にラクちん。続くといいなあ。肌は真っ赤で痛々しい楓すけだが、オッパイを飲めば基本的にゴキゲンさん。ニコニコ、たくさんお話しする。かーわいー。本当に可愛い。産んで良かった。やっとこ素直にそう思えるようになってきた。今までは「大変!!」っていう気持ちが真っ先に浮かんでたけど、まぁ大変なのは変わらないけどね、受け止める余裕が生まれて精神的に落ちついた。楓とママさんのペースで、のんびりと成長してこーね。

※乳児湿疹（にゅうじしっしん）
生後1ヶ月過ぎから見られる症状。しばらくしても治らない場合はお医者さんに相談してみるのがおすすめです。湿疹の原因はお母さんの摂取する食事と大きく関係があるともされているので、食事を見直してみるのも効果的です。

※ステロイド
湿疹や喘息などに効果があるとよく用いられる薬のひとつ。

※ワセリン
スキンケア用品。敏感肌の方におすすめする低刺激性の保湿剤として知られています。赤ちゃんに使用するときは塗りすぎに注意し適量を塗ってあげましょう。

chapter 4

生後3ヶ月～4ヶ月

働くママさん

1・18

今日は2時間おきにオッパイ。その日によっていろいろだ。しかしツイてない1日でした。お財布にお金入ってないし、カードの番号まちがえて駄目になっちゃうし……あーあ。

楓の湿疹は少しずつ良くなってきてるような？　まぁとにかく悪くはなってない感じ。急激に治っちゃうのも薬が強いみたいで心配だからゆっくりおさまればいーやね。顔は良くなってきたけど、体（胸のあたりや背中、手、足）のポツポツが増えた。しんぱーい。

1・20

湿疹は左のホッペがヒドくなった。黄色の膿みたいな液体が出てきてぐじゅぐじゅ。かわいそう。体もポツポツが増えた。目元も湿疹が出てまぶたが腫れぼったい。早く良くなーれ！　それ以外は元気な楓。最近は明け方と夕方によく泣く。明け方は大抵空気がたまってゲップが出ない不快感&ウンチ。夕方はなんだろう？　とりあえずぐずぐず泣いている。ふむぅ。

Rie memo.
夕方に泣くのは、夕暮れ泣きって言うらしいね。

1・21

病院へ。体中に湿疹が出てきたので今日は極微量のステロイドが入った塗り薬と飲み薬をもらう。左ホッペがぐじゅぐじゅだったし、仕方ない。シロップは少し嫌がるが甘い味がついてるから、何とか飲んでくれた。だからか、今日はやたらとよく眠る1日だった。

1・23

整体の後、持田さんと食事。終始おりこうさんな楓。オッパイとオムツの具合が良ければ1人でおしゃべりしたり、抱っこしてあげると店内をキョロキョロして興味津々。社交的な楓すけ。湿疹はすごく良くなってきた。シロップはあまり長く飲ませたくないと先生が言ってたけど、やっぱり効いてるんだろうなあ。ちと恐い。体は遅れて出てきたので、まだポツポツがたくさんあるけれど……。明日、経過を報告しに再び病院へ。あ、あとおしゃべりする声がさらに大きくなり何かを伝えたがってる感じ。相づちをうつとたくさん喋ってくれる。

Rie memo.
あまりにヒドい状態だったので、お世話になったステロイド。悪く言う人もいるけど、使い方次第！ いい先生にきちんとお話を聞くべし！

1・24

病院へ。「良くなってますね」とのこと。「とりあえず、残ってる分の薬を使いきってみて様子を見ましょう」と先生。その他、定期検診※の相談。予防接種※については悩むところ。ポリオ※なんかWHO※は絶滅した！ つってんのに。なにやってんだ日本は。保健所の3ヶ月検診ではBCG※ツベルクリン反応なんかやるらしい。うむぅ。いろいろ調べてみよう。

Column

予防接種

とにかく色々言われてる予防接種。私の世代なんかは義務のように受けてきましたが、今は制度も大きく変わり「推奨接種」となりました。だから義務でも強制でもなく、受けるか受けないかは人それぞれ。私も色々勉強しました。息子はまだ自分で判断できないんだから、親がよく考えて選択せねば。ただ何となーく受けるのはよくないと思う。アジア地域ではポリオが絶滅したってWHOも発表してるし、BCG（結核）は効果ゼロなんてデータもあってアメリカなんかでは既に廃止、しかも実際に結核かどうか判断するとき、BCG受けてるとよく分からなくなっちゃうんだってよ!? どうなの？ 意味あるの？ 実際にリサーチすると、普通に受けてる人が殆どなんだけどね……。病院は先生によっても考え方は色々で、私

※定期検診（ていきけんしん）
病気にかかっているかどうかを定期的に検査するために診察すること。

※予防接種（よぼうせっしゅ）
伝染病の予防のため、ワクチンなどを経口・経皮的に体内に入れること。

※ポリオ
小児麻痺のことで、ポリオ＝ウイルスの経口的感染症。脊髄たんぱく質の神経細胞が侵されます。5歳以下の小児に多く、突然の高熱後、上下肢などに弛緩性麻痺を発します。予防には不活性ワクチンの接種、弱毒性ワクチンの経口投与を行います。

※WHO
世界保健機関（World Health Organization）の略で、国際連合の専門機関の1つ。1948年に設立された保健衛生向上のための国際協力が目的の機関です。伝染病の撲滅、衛生統計の交換などが行われています。

Column

も検診先の病院で「もし病気にかかって赤ちゃんが死んだらどうするの！ そしたらお母さんのせいだよ！」とまで言われました（これはヒドくないか？）。悩みつつずっと見送っていたのですが、楓が1歳になった頃に出会った小児科の先生と色々お話して、そんなに悪いもんじゃないんだなぁと素直に思え、三種混合と風疹・麻疹のみ受けることにしました。夫も「そんなの受けるべきだよ！ ワクチンが少しでも楓を守ってくれるなら受けるべき！」と言ってましたが、その通りだね。ただまれに副作用や副反応出るケースもあるから、ワクチンの性質、お子さんの体質など、ちゃんと調べたうえで判断してほしいですね。

※BCGツベルクリン（P60）はじめは結核の治療薬として作られましたが、副作用が強かったため、今はツベルクリン反応の検査に使われています。

1・31

産後、初仕事。『Saita』の撮影。朝8時過ぎにオッパイ飲ませて、10時半頃、楓すけも連れていざ出陣!! 行きの車ですやすや楓すけ。そのまま寝かせておく。目が覚め、母が抱っこしてスタジオに登場。「可愛い!!」と皆大注目。人気者で良かった。オッパイで泣いただけで、ほとんどお利口さんだった（気がするのは私だけ？）。11時半頃スタジオでメイクしながらオッパイ。その後30分程で大泣き。多分オッパイだな！ と再び飲ませる。背中とんとん抱っこでねんね。母に預ける。

撮影は順調に終了。少し疲れたが、まぁ、一発目としては良かったのでは。帰り道は車中でオッパイ。帰宅後はニコニコご機嫌な楓すけ。やっぱり我が家が一番だね！　いつもよりオッパイ間隔が短い気もしたが、今日1日頑張ったから良し。っていうかオッパイの量が少なくなったのかもな。

2・9 【夜／47・0kg】

昨夜は夜9時にオッパイで10時にはオヤスミ。その後、朝4時まで眠りっぱなし。目が覚めてビックリ！　いや〜これだけまとめて寝てくれるとすんごい楽!!　やっぱり早めのお風呂がいいのかも。

今日は仕事。初めてシッター※さんに来て頂く。50代の優しいおばさま。楓すけも安心した様子。後半ずっと抱っこねんねさせてもらう。私も安心して仕事できた。来週は自宅でみてもらう予定。

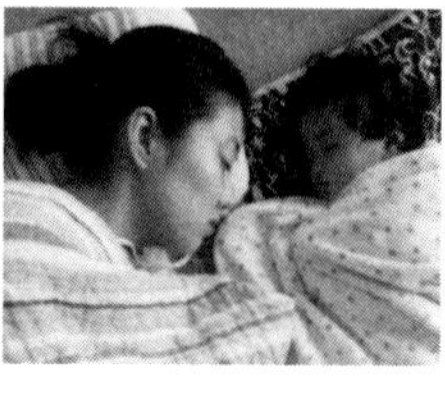

off shot
自宅にて

※シッター
ベビーシッター。両親の留守中に在宅で赤ちゃんの世話をする職業。

2・10

家族3人で下北デート。久々に大好きなお好み焼き。おいしーい。スリングの中でスヤスヤ眠る楓すけの上にキャベツやらイカやら落っことしてしまう……。スマン。少しお買い物して、これまた大好きな喫茶『トロワシャンブル』※でアイスラテを。おいしーい。楓が一緒だとなかなか自由に動けないけど、それでもお利口にしていてくれた方だわね。

しかし、帰りの車中で号泣。帰宅後すぐオッパイさん。最近は片方飲んだらすぐ寝ちゃったり、飽きちゃったり……困りますなあ。夜もどうにもこうにもぐずぐず泣きまくり。まぁ、結局はオッパイなんだけど。お風呂後はゴキゲンさん。最近、動きがさらに激しくなり、ソファーなんかに置いておくと、気づけば落ちそうになっていたりするくらい。足の力も強くなる一方。たまに体をぐらっとおこして寝返り※を打とうとするような体勢をとっていたけど、まさかねえ！　……が、急にチャレンジ開始！　何度も必死に必死に頑張る楓すけ。頭が重いのかうまく持ち上がらない。手の使い方が分からないらしく、つっかえてしまう。夫と私は応援しまくり。5、6回頑張るがうまく出来ずに大泣き。それにしてもすごいなあ。見ててドキドキしちゃったよ。オムツのSサイズも大きすぎるかと思いきや、案外大丈夫だったりして、うーん成長してるんだねえ。

※トロワシャンブル
東京の下北沢にある喫茶店。店内はアンティーク家具で統一され落ちついた雰囲気。

※寝返り（ねがえり）
寝たまま体の向きをかえること。

2・12&13 【福井へ里帰り】

楓すけ、初の遠出。そして初めての電車デビュー。スリングに入れて出発。新横まではスコーンと寝る。新幹線は驚き顔の楓。少しぐずるので、トイレ前の鏡で遊ぶが、まったく笑わない。ビックリして固まってる。米原着前にオッパイを飲んで眠る。しかし、移動で再び起こされてゴキゲンナナメ。福井に向かう電車の中でとんとんしてたら寝た。私も共に仮眠。しかし30分程度で着いてしまい、再び起こされる楓すけ。それなのに初めて会った、義父・義母に愛くるしい笑顔をふりまく健気な楓。実家に着いてからもゴキゲンな雰囲気。夕方オッパイ飲んで寝たところへお風呂のお誘い。一番風呂がいいよね……と思い再び起こして入れる。風呂上がり軽くパイ飲んで寝つく。私達は夕食。しかし、途中で姪っ子が日本酒の瓶を落として大きな音を……楓すけお目覚め&大泣き。しかも、今まで聞いたことないような狂い泣き。涙流して泣きまくり。オッパイあげてもダメ。オムツ替えてもダメ。私が抱いてもダメ。何やってもダメ。ものすごい声で泣きまくる楓すけ。何だか見てるこっちも泣けてくる。あまりに泣くから不安になり、学大クリニックの先生へＴＥＬ。「お腹の風邪かも!?」と言われる。熱がなく、ウンチの状態も変わらなければ特に問題ナシとのこと。それにしても泣き止まない。ひっくひっく言ってる。かわいそう。結局1時間くらい泣き続け、お義父さんの抱っ

Rie memo.
外出の際は、とにかく赤ちゃんを中心に行動しなくちゃですね…いい勉強になりました！

こで泣き止む。泣くだけ泣いたら、超ゴキゲン。その後パイ飲んでスコーンと眠る。うーん、楓にとってはものすごいストレスの1日だったんでしょうな。かわいそうなことをした。やはり、楓のペースで行動しなきゃダメですね。すまん、楓すけ。

13日はぷー様の言うままに行動。お昼頃これまた狂い泣き。またー!? と思ったらウンチさんでした。出たらスッキリ。

2・14

山中温泉※「かよう亭」へ。楓すけ温泉デビュー。家族3人、静かで落ちつくのか、すやすや寝んねの楓すけ。夫にみてもらっている間に1人で温泉へ。すんげー気持ちいい。のんびり何も気にせずお風呂に入ったのなんて産後初かも。その後は楓も入れてみる。熱くて固まるぷー。風呂上がりオッパイ飲ませて、3人で昼寝。気持ちいい。多少ぐずるも基本的には抱っこして相手すればゴキゲンな楓すけ。夫も私もリラックス。お食事も旨い。来て良かった。

play
山中温泉『かよう亭』

※山中温泉「かよう亭」
石川県山中温泉にある温泉旅館。「真のサービス」をモットーに1万坪の敷地に10室を設け、数寄屋造りの非常に贅沢な旅館です。

2・16

椎名林檎ちゃんのＬｉｖｅのため、初のシッターさん。夕方5時30分〜夜11時まで。ドキドキしながら帰宅すると、ラックの中でスヤスヤ眠る楓すけが。ミルクも60cc、80cc、3時間くらいあけて飲んだらしい。シッターさん曰く、「それだけ飲めば充分」とのこと。やはり母に見てもらうよりも何だかんだいって、安心した。やっぱりプロだしね。

Column

仕事と子育ての両立

結果的に産後3ヶ月で仕事復帰したわけですが、妊娠中は意識が仕事に全く向かず、このまま仕事辞めちゃうのかな私……なんて考えた時期もありました。しかし有難いことに、産後間もない時期に『anego』※というドラマのお話を頂いたのです。プロデューサーさんが『金田一少年の事件簿』時代からお世話になってる方で、彼女もお子さんがいらっしゃるから色々と理解してくださって。でも私は、オッパイ命の楓すけを思うとなかなか心が決まらず悩んでいたのです。そしたら意外や意外、夫が「望んでくれる人がいるなんて有難い話はないよ！　絶対にやりな！」と大賛成。母も「子どもしか見えなくなっちゃうと、子どもの手が離れたときに抜け殻になっちゃうよ」と、仕事復帰を応援してくれました。小さな楓をシッターさん

off shot
4ヶ月祝い

※『anego』2005年4月から6月まで日本テレビにて放送されたドラマ。復帰第1作目の作品。

に預けてまで仕事するのに罪悪感があったのですが、ママが楽しんで人生を送ってればその背中を見て逞しく育っていくであろう！　と前向きに考え（笑）、今は仕事しています。素晴らしいベビーシッター・山ちゃんにも出会え、私も安心して出掛けられます。でも楓と山ちゃんがあまりに仲良しなんで、ちょっとヤキモチな母ちゃんであります。

3・5

朝から仕事。8時45分にシッターさんが来る。何だかとても良さげな雰囲気。出がけは楓が空気を察したのか、難しい顔をしとる。見てると切なくなって、なかなか出かけられん。しかし、心を決めて行ってきます。3時間おきにパイを絞るが、どんどん痛くなる。帰る頃には※母乳パッドから溢れるくらいにパイが……。いやあ、痛い！　痛い！　何だか熱っぽくなる。頭も痛い。これを放っておくと※乳腺炎になるらしい。とにかく楓すけに吸ってもらうのが一番。が、たまって勢いよく出すぎるため、すぐ飲むのを止めてしまう……あーあ。

今日はずっと家にいた夫曰く「りえちゃんがいないと、やっぱり楓は元気ないよ」とのこと。帰宅後何だか私を忘れたような顔するから悲しくなったが、

※母乳パッド（ぼにゅうぱっど）
赤ちゃんに吸われていないときに漏れてくる母乳が服に染みこむのを防ぎます。生理用ナプキンのような使い捨てのものと、繰りかえし使える布製の2種類あります。

※乳腺炎（にゅうせんえん）
乳腺の炎症性疾患。オッパイに痛みやしこりを感じたり、黄色みがかった母乳が出るというのが症状として見られ、初産婦の授乳期に多い。

やはりパイ命の楓すけ。午前中20cc、午後60ccと、ミルクなんていやいや！　の楓すけ。お腹すいていて眠れないしでゴキゲンななめ。「りえが帰ってきたら、やっぱり落ちついた顔してるよ」と夫。しかし、久々に会うと改めて可愛い楓すけなのでした。

3・6

　今日は寒いので、家でのんびり。散歩なしだと夕方にぐずることが多い。あと昼間、ソファーに楓すけを置いてお茶を飲んでいて、ふと目を離した瞬間、ぽてっ！　っと音がして楓すけがだんご虫のような状態で床に落ちていた……。勿論、大泣き。すまーん。寝がえり練習に余念がない今、ソファーなどに置きっぱなしは駄目だね。気をつけねば。

3・9

午後2時30分〜、ドラマフィッティング。短時間なので楓すけも一緒に。移動中に眠ったので、そのまま事務所の社長に見ていてもらう。目が覚めてオムツ替えたらゴキゲンだったとのこと。エライぞ！　出がけに白っぽいウンチが出て心配だったので病院へ。ノロウィルス※かと思ったが、その場合はもっと熱が出たり、白い下痢がずーっと続くらしい。楓すけの白いウンチは1回きりでその後は普通だったが念のため。とんとんしたら寝た。眠かったのね。夜中はゲップが出ず、なかなか寝つかず。キツイー。

3・13

昼12〜19時シッター山中さん。私と夫は芝居観劇。久々に2人っきりでお出かけ。やっぱり嬉しい。ついこないだまではこうだったのになあ。でもやっぱり楓が産まれてからのほうがお互いを大事に思えるようになった気がする。良いことだ。しかし、思い出しちゃうね、楓すけを。結局買い物も楓のものになっちゃうし。すぐ考えちゃう、楓のこと。

今日は朝8時頃にオッパイを飲ませてから、3時間おきくらいに搾っていたが、あまり痛くならなかった。張ってはいるが、以前のように痛くはない。

※ノロウィルス
感染から発症までの時間は1〜2日で、主な症状は吐き気、嘔吐、下痢、腹痛、また軽い発熱など。症状は1〜2日続きますが、完治後は後遺症もありません。風邪の症状とよく似ているのが特徴です。

搾るとわーっと出るが。帰宅したら、ミルク中の楓すけ。本日3回目のミルクらしいが、60cc、80cc、40ccとよく頑張りました。山中さんと相性がいいのか、とても安心したご様子の楓。明るくて元気で、何よりも楓すけを「とってても可愛い！」と大事にしてくれる。いろいろなシッターさんに来て頂いたが、楓との相性的にも、私的にも、山中さんがベストかな。

chapter
5

生後4ヶ月～5ヶ月

パイVSミルク

3・14 【朝／46・2kg】

今日はベビーベッドを組み立てる。一応大人ベッドにくっつけてみたけど、今までよりは離れちゃうから、大丈夫かしら？　1人で眠れるかしら？　なんつって、私が淋しいだけか。だって、最近お風呂で私が洗ってあげるとものすごくぐずるのに、夫に抱かれると途端にゴキゲンさんなのだ。結局、食事の支度などで手が離せないとき、どうしても夫に遊んでもらうことになる。ママはお世話する人で、パパはイヤイヤなときに楽しい気持ちにさせてくれる人ってな認識なのだろうか？　不安になり、風呂あがり、楓すけに説明する。ママさんだって楓すけが大好きなのさー。お仕事も仕方ないのさー。楓すけのためでもあるのさー。何度も何度も「大好きよ、ぷー」とくりかえす。うーうー、と言って笑ってくれるぷー。泣けちゃう。

3・17

日赤※検診。行きのタクシーでもゴキゲン。ずっと立っちの状態で楽しそうに外を眺める楓。にっこにこ。助産師さんにいろいろ話を聞いてもらってる

※日赤（にっせき）
日本赤十字社医療センターの略。都内で初めて、WHOに「赤ちゃんにやさしい病院」として認定された病院です。育児指導などお母さんが安心して出産・育児に取り組めるようきめ細かくケアしてもらえます。

※助産師（じょさんし）
分娩を助け、また妊婦・褥婦・新生児の健康指導を職業とする女性のこと。産婆さんともいいます。看護学校卒業後6ヶ月以上の教育を受け、国家試験に合格すると免許を与えられます。

ともアピールしまくり。助産師さん曰く、「おじいちゃんに会って泣くのは普通のこと。赤ちゃんは女の人（特に若い人！）が好きで、おじさんやらおじいちゃんやらは苦手なんですよ」とのこと。だから、先生に会ったら泣いちゃうかも、と言われるも半信半疑。その後裸にされ、体重、身長測定。6575g！　大きくなりました。カウプ指数※も16・5で、標準のいいバランス。さすが楓すけ。ここまでは調子よくゴキゲン。

　その後、少しお腹が空いてぐずる。軽くオッパイ。飲んだらすぐにゴキゲン。ニコニコでおしゃべり。が、先生に会った途端、顔が固まり、火がついたように泣きだす。笑える。オムツ1枚で体の状態を一通り診て頂き、問題ナシ！　私が抱いてあやすと少し落ちつく。湿疹の相談が終わり、服を着せるために置くと、どうしても先生が気になるらしくガン見の楓すけ。で、また泣く。見なきゃいーのにー。肌はアトピーと普通の子の間くらいの状態らしい。やはりステロイドを塗って様子を見るしかないらしい。すべての診察が終了して（栄養指導などもあった。離乳食※の話など）、受付に戻ると母の姿が！　心配で来てくれたらしい。安心した。それから実家へ帰り、ごはん。

※カウプ指数
発育の状況は身長と体重のつりあいでいろいろな数式で表されますが、その中で乳幼児によく使われるのがカウプ指数です。現在では肥満の判断に用いられることも多く、幼児にも用いられています。

※離乳食（りにゅうしょく）
母乳やミルクから固形食を口にしていく段階の時期に食べさせる食事。だいたい5ヶ月くらいからはじめますが、個人差があるので様子を見てあげましょう。

3・19　［夜／47・7kg］

今日は朝9時過ぎまで寝てた楓すけ。お散歩から戻って、ベビーマッサージ※の準備をしていると、寝返りしてからだの下になった腕を抜こうとしている楓すけが!!　見事、初寝返りさん!!　可愛く〝ヒコーキ※〟やってました。何だか感動して夫と2人で泣く。バカだ。ベビマは少し慣れた様子。「ちーちーぱ」と、両手を胸の前でくっつけて横に開いたり、上にバンザイさせるのがお気に入り。仙骨※のあたりも気持ちいいみたい。そういや夫に背中だけやってあげたらそのまま爆睡。「楓すけはこんなに気持ちいいことしてもらってるの!?」とうらやましがっていた。うーん、そういや私もエステなどすっかりご無沙汰。誰かにさわってほしいー。

3・23

お休み。楓とゆっくり眠れて嬉しい。仕事がはじまると当たり前のことが幸せに感じる。が、夫の爆音イビキで楓すけ号泣。仕方なく起きてリビングへ。既に寝返りマスターの楓すけはいとも簡単にこてんと寝返る。今まで腕を抜

※ベビーマッサージ
赤ちゃんのためのマッサージ。乾燥肌やお腹の調子を整えるといったマッサージの効果と、両親からの愛情を伝える2つの効果があります。

※ヒコーキ
うつぶせになって、両手両足を広げ寝返りをしそうな姿勢のことをいう。

※仙骨（せんこつ）
腰の部分にある二等辺三角形の骨のこと。5つの仙椎の癒合したもので、尾骨とともに骨盤の後壁を作っています。

くのもあんなに苦労していたのにすごいなあ。しかし、私よりも夫になついているのだ!! ありえないっ! ここ2週間くらいは圧倒的に夫の方が楓と多くの時間を過ごしているからだろうか。お風呂なんか私と目合わせてくれないもんね。私が洗ってあげて、夫に渡すと楽しそうにおしゃべり……。悲しい。まあ考えすぎというか、いちいち落ち込んでいて夫に笑われた。だって、楓も近くにいてすぐ抱きあげてくれたり、遊んでくれる人の方がいいもんね。パイもあげずに仕事ばかりで嫌われたかなあ……。

しかも!! 夕方から、どうにもパイの量が少ない感じで……。お風呂上がり、オヤスミ前にミルクを120cc飲んでそのまま眠りについたのだ。大して出ないパイよりも、ミルクが良くなっちゃったのかな? 預けることを考えると喜ばしいことだけど、ちょっと淋しい。パイいらなくなったらママさんの役目なくなっちゃうよー。

3・29 [夜/48・2kg]

早朝からゴルフ場で撮影。(朝6〜夜8時、シッターさん)昨夜は寝ボケててあまり覚えてないのだが、お風呂あがり夜11時前後にパイ&ミルク

Rie memo.

ベビーマッサージは大葉ナナコさんに教わりました。大人も子どもも気持ちいいことは一緒だね。楓とのコミニュケーションとるのに良かったです。やっぱり肌と肌が触れ合うのって大事!

（80cc）ねんねしてから朝の5時まで眠りっぱ！　すごーい。ミルク効果なのだろうか？　今ではシッティング中にも100ccは軽くペロリ。それにつれて、ぷくたん度が増し、さらに背も伸び、大きくなった感のある楓すけ。赤ちゃんっていうよりも〝コドモ〟って感じ。しっかし、母乳あげる回数減った途端、テキメンに太った私。食欲は変わらずなのに消費カロリーが減ったんだから、そりゃ太りますか。ドラマもはじまったし、本腰入れてダイエットせねば。

楓すけは最近夜10〜11時頃には限界おネムさん。お風呂あがり、楓すけの支度を済ませて、私が顔のケアなどでモタモタしてるとガン泣き。パイねんねさせろー!!　って感じ。かわいい♡

Column

パイ絞り

仕事がはじまり、授乳できない間は搾乳をするわけですが。授乳できなくても体はパイ製造を記憶してるから、2、3時間おきにどんどんオッパイ出てきちゃって、もーう胸はパンパン！　ドラマのロケ中なんかだとトイレに行くことすら難しかったりするから、なかなか搾乳できず。てかトイレで絞るのは切なかったなぁ。逆に絞りすぎても余計にパイが製造されるから加減が難しい……。絞ったパイを冷凍して子どもに飲ませれば？　なんて言われても、仕事中にそんなちまちました作業はしてられないので

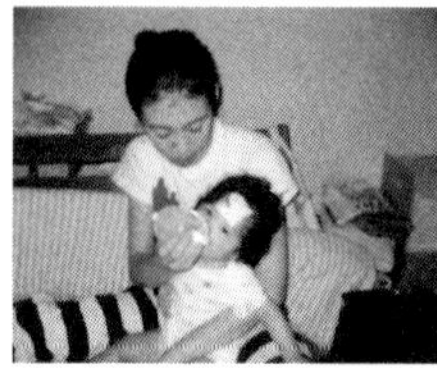

off shot
自宅にて

す……残念ながら。連ドラは時間との勝負だからね〜。しかし授乳中はブラのサイズは3カップもアップ！　巨乳期到来！　と喜んだのも束の間、服が似合わないのよ〜。何を着てもおばさんっぽくて……。胸が大きくて辛いなんて贅沢な悩みね♪　仕事しながらの母乳育児は大変だけど、楓と私にとってパイは何にも代え難いものだったから。幸せな時間でした。

4・15

二子玉川デビュー。眠くなったときに軽くぐずったのみで、基本は良い子の楓すけでした。デパートは授乳室、オムツ替えシート、オムツ用ゴミ箱、ミルク用のお湯などなど……いろいろ揃っていていいですなあ。離乳食メニューもあってビックリ。いやぁ便利な空間でした。

4・16

昼12〜13時、シッター・山中さん。今日はお仕事はお休みなので芝居観劇

&鍼灸。最近、やたらと甘いものが食べたかったのは、体が冷えていて、それを温めるためだそうな。体が止まってる感じで正しく機能してなかったらしい。鍼灸終わったらスッキリ。サボってたらダメですね。来週も来るぞ。

4・20

昨日の朝から、鼻水と頭痛がキツイ……と思っていたら、昨夜帰宅後から私、発熱。起きあがっての深夜の授乳はキツイので添い乳に。あららー、これ楽ちん！　楓の胃が成長したのもあるけど、ゲップさせなくてもすんなり寝るし。夕方は母が来てくれる。熱を計ると39℃近い。ふらふらして頭も痛いし、咳も鼻水もすごいので葛根湯を飲んで様子を見る。楓すけは昨日もお風呂入ってないから、母にベビーバスでチャレンジしてもらう。バスはあんなに大きいと思ってたのに、ち、小さい。入りきらない楓すけ。かわいい。頭は洗えず、体だけ流しておしまい。夜10時にパイ飲んで、とんとん添い寝。（突然の離乳食デビュー。母お手製のおかゆ。すぐオッパイになったが、あまり嫌がらずにひとさじ食べた！　案外上手に飲み込めたよ）

4・23

離乳食をはじめても今のとこウンチなどにも大きな変化なし。最近手を軽くかみかみ、はむはむすると喜んで声をあげる楓すけ。昼1時30分～5時まで、シッターさんが来てくれる。帰宅後、楓すけはゴキゲンなのだがすぐにぐずぐず。抱っこするとなんだかオデコが熱いような？　熱を計ると37度1分。普段は36度6分くらいだから……少し発熱って感じだろうか。そういや、目もトローンとしてる。まあ元気なのだが。観察してるとうつぶせ状態でどしゃっ！　と吐いた。たまにうつぶせ中に軽くケポっとするが、ほんの少しがほとんど。久々に大量吐きを見たのでビックリ。そして、なんだか慌ててしまう。やっぱり、私の風邪がうつったのだろうか。

吐いたからか、お腹が空いたらしく、再びパイねんね。お風呂は迷うところだが大量吐きで汚れたし、「余程ぐったりじゃなければＯＫ！」と本にあったので一緒に入る。裸にしたら超ゴキゲンだったのに、いざ入ったら超ぐずぐず。やはり具合が悪いのだろうか。急いで洗って出るがとにかくぐずぐず。お風呂上がり１１０ccのミルクを飲んだらスコーンと寝た！　……と思ったらふぎゃー！　片パイくわえて再びスコーン。体が熱いなあ。熱は37度7分まで上がった。咳も出てきた。うーん、良くなるといいんだけど。

Rie memo.
離乳食は歩き出す前（10ヶ月以前）は問題なく良く食べてたな。それ以降は遊び食べ。シッターさんに任せることも多いので、あれこれ作って冷凍してます。

4・24

昨夜の楓はパイなのか、熱でツライのか、とにかく一度目が覚めるとなかなか眠らない。1時間おきくらいに起きてしまう。深夜のパイタイムはキツイ。普段、夜中のオムツ替えはほとんどしないけど、昨夜はオムツを2回替える。汗はかいてないけど、やっぱり体がすごく熱いので赤ちゃんポカリの出動。しかしマグは嫌がるので、スプーンでチャレンジ。やっぱり熱があるときは美味しく感じるのでしょうか。スプーンでちゅぱちゅぱ吸ってます。とりあえず、起きるたびにスプーンであげる。明け方やっとこ寝付いた。……と思ったらいつも通りの早起き楓すけ。熱も下がって一安心。でも念のために学大クリニックへ。やはり風邪とのこと。でも37℃台は赤ちゃん的には平熱レベル。これくらいなら、薬飲ませなくても自分で治せるから問題なし！　とのこと。良かった。ついでに私も診てもらう。やはり風邪。治ったら止めるようにと薬を出してもらう。

しかし、どうにもぐずぐず多しの楓すけ。パイ足りんのだろうか。午後はあつぴこが遊びに来る。来客時はゴキゲン楓すけ。それ以外はずーっと相手してないと泣くから大変。トイレも行けず。見えなくなると泣くのだ。仕方なく、トイレのドアを開けて、床に楓を置いて見ながら用を足す。母ちゃんのトイレ現場をニコニコで見守ってくれる楓すけ。

Rie memo.

子どもの風邪は辛いね。母乳の免疫があるから風邪ひかないとか、免疫なくなるとひくとか色々言うけど、風邪ひくときはひくよ。どんなに気をつけてもひくときはひくもんだ。人生いろいろあるよ。

Column

楽しいバスタイム

産後２週間は洗面台で沐浴させてました。それくらい新生児は小さい！ ベビーバスにいちいちお湯ためて、また捨てて……とか、もう面倒くさい！ 洗面台で充分！ 何が必要かは人それぞれだけど、ベビーグッズは無けりゃ無いで済むものばかりさ！ そんなこんなで洗面台沐浴を経て、２週間目からは一緒にお風呂。当初は「お風呂はパパの役目」と決めて、夫もちょっと嬉しそうに早く帰ってきたりしてたんだけど、どうしても仕事で遅くなるときに私が入れたら「なんだ！ りえもできるじゃん！」と満面の笑み……失敗した……！ それからは私の役目。１人のときは、お風呂場の入り口にラックを置いて楓を寝かせ、ドアは開けたままで私は猛烈ダッシュで体やら洗い、息子の番。お風呂出ると裸のまま私は息子のケア。まさに髪振り乱して。思い出すと笑えるけど、その時は必死なわけよ〜。しかし産後は、なかなかゆっくり湯船につかれないね……。入浴剤とかいれてのんびりしたい!!

4・26

午前中にパイねんねができず、昼前頃にぐずりはじめる。パイをあげてみると急に大泣き。キレる楓すけ。これがはじまると泣き疲れるまで何してもダメ。10分近く泣き続ける。涙ポロポロ。かわいそう。ベッドで添い寝とんとんしたり、いろいろ試すが無駄。最終的には抱っこでとんとんねんね。こういうときは「もうっ！　いい加減にして！」っていうよりも「ごめんね、楓。分かってあげられなくてごめんね」という申し訳ない気持ちでいっぱい。昼12〜2時過ぎまで、死んだように眠る楓すけ。美しい寝顔。うっとり！

目が覚めてパイ飲んだら散歩！　と思いきや、突然のカミナリ&どしゃぶり。落ち着いてから、抱っこひもで出発。子供は眠ると重さが増す。楓すけ、大きくなりました！　最近は自分が放っておかれてること、待たされてることなど、分かってるのだ！　よって、食事中とかに遊ばせておくのも、「おい、てめーらだけ食ってんじゃねーよ」ということになります。3、4ヶ月頃が今思えば楽だったなあ、動かないし。まだ、私のパイもたくさん製造されてたから、3時間おきはザラで、夜もスコーンと寝たもんだ。最近は……難しい。今日はかぼちゃとにんじんを離乳食用に冷凍。明日からおかゆに混ぜてみよう。それと今日は赤ちゃんせんべいを持たせてみる。何でも口に入れたがるので、なめるが、あの舌に吸いつく感じにビックリして、なめるたびに体がぶるっ！　と震える楓すけ。おもしろい。

Rie memo.

赤ちゃんの胎内時計はすごいね。いつもの生活リズムが崩れると本当に機嫌が悪いのです。ゴハンの時間、昼寝の時間……少しずつ整ってくるとラクですよ。

chapter 6

生後6ヶ月～7ヶ月

すくすく進化

4・29

今日は最高気温27度！　家にいても暑くてキゲンの悪い楓すけ。試しに半ソデに着がえさせるとゴキゲン！　タイニィ・タイト※の可愛いロンパースデビュー。可愛すぎ！　写真撮りまくり。今日は公園にベビーカーを止めて、抱っこしてあげる。見慣れない景色に喜ぶ楓すけ。そのまま、スリングに入れて散歩。カンガルーの様な姿に、通りすがりの方から「カワイイー」と褒められる。しかし、スリングさんは暑くてムレムレ。再びベビーカーへ。こてっと眠る楓すけ。

スーパーで買い物を済ませ帰宅。そのままがっつり昼寝の楓。たくさん寝たので、目覚めも良い。叫びまくり。最近は寝返りうったときに、ヒコーキができるように（両手を床から離した状態）。おしりを持ち上げて前へずりずり進み出しそうな雰囲気。5ヶ月後半からぐっと大きくなった感じ。もう首すわる前のふにゃふにゃの頃とか思い出せんよ。子供の成長は早いもんです。夜はやはりミルクで絶叫。パイねんねで幸せそうな楓すけなのでした。っていうか、わしわし吸われてるうちに、少しずつ出る量が増えてきたような……。おそるべし、楓すけのパイ根性。

※タイニィ・タイト
恵比寿にあるこども服屋さん。「LOVE&PEACE」「HAPPY&SMILE」「MUSIC」をテーマにしたセレクトで人気のお店。

TOY

ロディ

宮藤官九朗さんご夫婦から頂きました。中が空気で弾むので、その感じが楓さんのお気に入り。

かいじゅう木馬

「Koppa BOZ」の方の手作り。元々舞台関係のスタッフだった方からのプレゼント。激しく前後に揺れる楓さんです。

BMW

楓の愛車。とにかくBMW好き。外でもBMW探しに余念がない楓。かなりのハンドルさばきで、夫よりも運転が上手です。

ぽっぽちゃん

私の両親からのクリスマスプレゼント。動くとポッポーと汽笛音が鳴ります。子どもらしくて私も好き。

犬型の乗り物（積み木）

外見は犬型木馬。中にはひのきやかえでなど様々な種類の木で出来た積み木が入っていて木のいい香りがします。

ロケットの乗り物

阿部サダヲさんから頂きました。ボタンを押すとスペーシーな音が鳴ったり、光ったりするしかけに楓大興奮！

ひつじの乗り物

頭を押すと「メェ～」という鳴き声が。ぬいぐるみのようなほわほわ素材。乗ると鈴も鳴って賑やかで楽しそう。

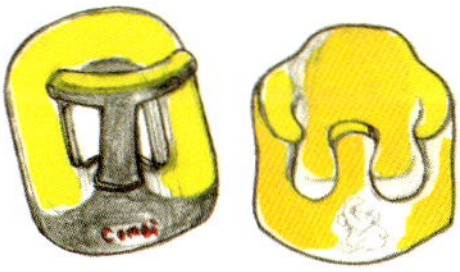

トイレトレーニングの椅子 バンボ

左がトレーニング用。便座に乗せて使用。バンボはゴム製の椅子。安定感がよくてグー。

コンビのプレイジム

両親からのプレゼント。バーを引くとメロディーが鳴ったり、光ったり、とにかく赤ちゃんのツボ満載のジム。

絵本

左は天明幸子さんのプレゼント。ジッパーの開け閉めも気にいって、ゲラゲラ笑いながらやってました。

サッシーの鏡

サッシーのオモチャは本当に可愛い！　一番好きなメーカーです。これは車のチャイルドシートにつけたり、大活躍でした～。

5・2

手を軽くかんだり、体を食べちゃうマネをすると大喜び。自分で自分の顔の上にタオルをのっけて、誰かにいないいないばあ！　してもらうのを待っていたり。高度な遊びを覚えていく楓すけ。ジムのメロディーを自分で流せたときなど、褒めてあげると凄い嬉しそう。

今日は夕方からやたらとぐずって大変でした。パイさん足りずに怒ってるの？　いつもお風呂前に20～30分パイねんねするんだけど、それもできず……なんとなく乳首を噛まれてるような感じがするし（引っぱってるというか……）本当にパイさん、終わりに近づいてるのかなあ。ミルク嫌いでパイ命の楓すけ。これからどうすんだー!!　仕事中は、3時間おきの搾乳ができないことも多いし、仕方ないのよね（オッパイはどんどん出してかないと作られなくなっていくのだ）。有難いことに離乳食はあまり嫌がらずに食べるからそっちをメインにしてくしかないのかな……。こんなにいい感じのパイさんに成長してきたのにー。ショックだわ。ちなみに夜は、お風呂後にそのまま眠りこんだ楓すけ。体にクリーム塗られながらウトウト。ものすごい眠かったんだね。

6ヶ月を迎えた現在のペースとしては、朝7～8時頃にお目覚め。寝起きはとても良い楓すけさん。起きてすぐ大量ウンチ……って場合多し。私が軽く朝ゴハンの間は、お利口に一人遊び。ジムの音楽を自分で鳴らしたり、とにかく絶好調！　９～10時に再びパイくれ攻撃。で、私も一緒にソファーで添い寝。30分～１時間オヤスミ。お昼前後に離乳食。ちなみに、昨日はにんじんがゆ。上手にスプーンでぱくっ！　と食べれるようになってきた。軽くペロリして、おかわり！　ニコニコでパクパク食べてくれて、嬉しい。パイも好きなだけ飲んで散歩の準備。最近はベビーカーに乗っても、今までみたく、あっさり寝ない。いろいろと散策したりベビーカーにつけたおもちゃで遊んだりと起きてる時間が長いんだけど、飽きて「抱っこ！」となるケースが。

Column

夜泣き

そもそも楓は夜泣きしたっけ？　大変さは順繰り変わっていくので、なんか忘れちゃうんだよね。でも日記を読み返すと「コレって夜泣き!?」とオロオロする私がいる。そういや、なんか無意味に泣いてた時期があったなぁ。20分くらい何してもダメで、スリングに入れたり、部屋中抱っこでウロウロしたり。寝たと思ってもベッドに降ろすと起きちゃったり。まぁでも結局はパイ飲んで何事もなかったかのように寝ちゃうのですが。もしかしたらこの頃を夜泣きというのかな？　ドライブしないと寝ないなんて

BABY WEAR

ニット帽
／お友達の手作り

じんべい
／赤すぐ（通信販売）

ロックスターロンパース
／TI'NY TAITO

青タイダイロンパース、よだれかけ
／ともに TI'NY TAITO

顔入りロンパース
／Alohaloha

ボーダースパッツ
／フェリシモ

紺ボーダーロンパース、よだれかけ
／ともに TI'NY TAITO

Column

強者もいるくらいだから、私はラクなほうだね。そのかわりに楓は、1歳すぎても2~3時間おきにパイで起きてたからな~。私は体だけは丈夫だったのに、産後は睡眠不足や母乳で栄養とられてるからかホントによく風邪ひいてます。夜泣きに苦しむママやパパ、これもいつかは終わるから！子どもだって、色々刺激を受けたり、怖い夢見たり、何かあるんだよ。泣いて何か発散してるんだよ。頑張って受け止めてあげてください！

ラモーンズロンパース
／TI'NY TAITO

ローリングストーンズロンパース
／TI'NY TAITO

タイガーケープ
／プレゼント

赤のジャージ
／プレゼント

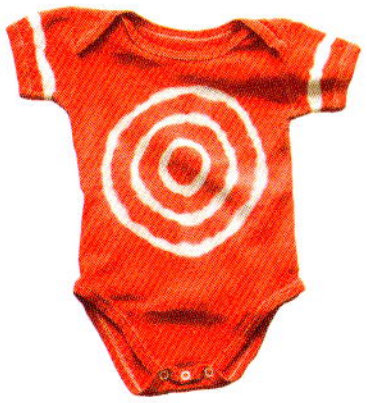

赤のタイダイロンパース
／TI'NY TAITO

茶×白ボーダーロンパース／SHIPS
よだれかけ／Alohaloha

すべて、プットイットオン

忍セットアップ
／プレゼント

もこもこ上着
／GAP

スニーカー
左から／ナイキ・プットイットオン・アシックス

てぶくろ／AIGLE

うさぎの靴下／Oilily

5・5

子供の日。今朝は私のくしゃみで朝5時頃お目覚めの楓すけ。ねばってみたが完全に起きてしまった……。仕方なく6時過ぎにベッドから出る。1時間ほど遊んで再びぐずぐず。いつもは一度起きてきたらそれ以降はリビングで寝るが、あまりにも眠くてそのままベッドで添い寝。一度パイで起きるが9時過ぎまで眠る。11時半頃、ゴハン。今日はかぼちゃのピューレと玄米クリーム。玄米はおだしを入れ過ぎて、水っぽ過ぎて楓すけイヤイヤ。かぼちゃは甘みに驚いていたがペロリ。その後クリームを足して再び玄米をトライ。結局はペロリ！

昼12時半にパイで、そのまま加奈ちゃんのお見舞いで愛育病院へ。タクシーでの移動中に起きてしまった楓。愛育でもゴキゲンさん。途中ぐずってスリングねんね。帰りのタクシーでも寝かけたところで、ただいま。その後はベビーカーでスーパーへ。ここでも眠れず。帰宅後、夜6時過ぎにパイねんね。と思いきや、1時間も経たないうちに、ひっくひっく言い出し……それからは地獄の号泣タイム。ことごとく眠りをさまたげられた1日にキレた楓すけ。1時間程泣き続け、試しに外へ出てみるとぴたっとおさまる。良かったー。ただぐずってるだけならいいけど、どこか痛かったり苦しかったりするのでは!?　とドキドキしちゃう。かわいそうだったけど、仕方ない。こんな日も

Rie memo.
子どもが産まれるとイベントも楽しいよね。赤ちゃん雑誌の付録についてた、折り紙の兜をかぶせていっぱい写真を撮りました。

あるね。すまんよ、楓すけ。

夜は子供の日のお祝いでジジババ登場。ジジを見てやはり泣く楓すけ。でも、至近距離でなきゃ平気みたい。皆でかしわもち。かわいい楓すけをＤＶＤにおさめようとカメラをまわすが、そういうときに限って、つれない楓すけ……。夜11時にはパイ寝んね。

5・17

休み。昨夜はぐずぐず目を覚ます楓。オムツをそろーっと替えたときは、私がタイミングを間違えたらしく超号泣。すぐおさまったけれど。朝は起きたものの、なんだか眠いらしく、ぐずぐず。午前中、いつもの昼寝ができず、タイミング狂う楓すけ。お昼ゴハンはいつも通り11時半に。もりもり食べる。食後のパイはいらないみたいだったので、そのまま学大クリニックに検診へ。体重も3月17日の6575gから7800gへアップ!!　身長も7cm伸びて、順調に大きくなっている楓。健康状態にも◎を頂き、良かった良かった。母子手帳に聞きたいことや、最近の楓すけの状況をびっちり書いていったら、先生に「えらい!!」と褒められた。うふっ。

5・29

昨夜は夜泣き!?　ってな具合にうわーん!!　と突然の泣き声。夫は布団かぶって無視!!　まあいいんだけどね。結局はオッパイくわえたらちゅぱちゅぱ……。朝は私の目覚ましの音で起きてしまった楓すけ。キゲンはいいけど、眠そう。朝7時15分〜夕方6時、シッターさんに来てもらう。

仕事を終えて、夕方4時頃に帰宅するとおねんね中。最近は腕をぴーんと張っておしりを浮かせた状態になったり、ホント今にもハイハイはじめそうな感じ。どんどん進化してる！　運動量も増え、いろいろなものに興味が出てきて、散歩中の様々な刺激もあり、やっぱり疲れるみたい。シッターさんたち曰く、今までよりもぐーっすりお昼寝するようになったと言います。「夜泣くのはそういうことが原因のはず。本格的な夜泣きならとっくにはじまってるわよー」と言われた。楓すけは「(夜泣き) しないんじゃない？」とまで言われる。ホントにー？

夕方、パイねんねしかけるが、またしてもウトウト飲んでたらむせてケポー……と吐いた。眠りかけてたから驚いて大泣き。それからずーっとぐずぐず。抱っこひもや添い乳、いろいろ試したが寝ない。仕方なく仕切り直しでお風呂の準備。おかゆ、鯛のペースト、にんじんのゴハンも少し食べる。湯上がりの支度中、ちょっと目を離した瞬間、またしてもベッドから落下。

off shot

自宅にて

Rie memo

ベッドから落下、ソファーから落下……楓さんは何度か落ちています。我が家は絨毯敷きだから、まだいいが、ってよくないね。ごめんよ、楓さん。母ちゃん気をつけるよ！

落ちる瞬間を見てしまう……。号泣、超号泣。しかし、抱っこトントンですぐ泣き止み、しかも眠くてウトウトしだす。とくに変わった様子もないのでそのまま風呂。眠そう。結局、からだを洗われながら寝てしまった楓すけ。出てからもほとんど寝て、そのままこてりんこ。

スタイ　小林聡美さんに頂いたものです。子どもは本当によくこぼすので大活躍！　ベビービョルンはデザインも可愛いし、機能性も抜群で大好きなメーカーです。

食器　これは夫のNY土産。プラスチックのものはゴハンが美味しく見えないし、あまり使ってないけど、これは可愛くてお気に入り。スプーンはベビービョルン製。

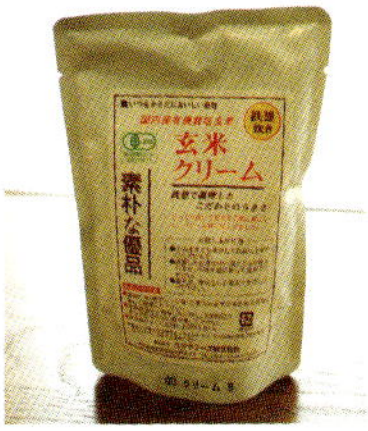

玄米クリーム　F&Fで購入してました。店員さんに「これ食べてる子は肌がツルツルですよ!」等と言われ（笑）。他の素材に混ぜたり、とろみをつけるときに使ったりしてました。便利です！

ジップロック　野菜や魚や肉を、茹でたり焼いたりして冷凍保存。いちいち作るより便利。私は仕事でシッターさんに楓のゴハンを任せることも多いので、冷凍保存は必須！

いす　トリップ・トラップ製。成長に合わせて座席や足を置く位置を変えられます。妊娠中から決めてました。色の種類も豊富ですが、夫と珍しく意見が合い赤にしました！

6・2

休み。最近は添い乳続きで、何時にオッパイだとかまったく覚えてない。今までは、ちゃんと抱っこして5分時計を見つつ、夜中も授乳してたのに。ここ何日かはほとんど寝ボケつつパイ。昨夜なんかパイ丸出しで寝てたらしく夫がそっとしまってくれたらしい……うん、なんとなく覚えてます……。最悪!!

しかし、よくぐずるようになった！　泣き続けるわけじゃないけど、夜中にパイで起きるとき、必ずうにゃーっとやることが増えた。6ヶ月後半くらいから。今まではもぞもぞ、うにうに動き出して、口がパクパク、パイを探しはじめる。まあ軽くふにふにぐずるが再びパイを飲みつつ寝てしまうことがほとんどだったのに。自我がでてきたからかね？　そして朝はさわやかにお目覚め。よ〜くお喋りなさる。その声で起きるママさん。今日はお昼のゴハン＋パイの後に1時間ちょいねんね。

今日から大阪の夫を見送り。我々も散歩へ。再びおネム。帰り道はこてりんこ。帰宅後も2時間くらいねんね。よく眠りますな。夜はかれい、にんじん、おかゆさん。お風呂でも眠そうで、とにかくずーっと眠たげな楓すけなのでした。

6・3

昼1時〜夕方6時、シッター・山中さん。今朝は6時半起きの楓すけ……。昨夜は2人っきりの広々ベッドだったからかぐっすり楓すけ。添い乳だったから、私もウトウトしていてハッキリ覚えてないけど、多分夜10時半前には寝て一度しか起きなかった！ いや〜楽です！ やっぱり広々ベッドだから寝返りも楽々でゆったり寝れるのだろうか。朝も横で、ころりんころりん転がってた。ゴキゲン。あー！ 2人っていいな!! しかし、早起きすぎ。8時には再びパイねんね。1時間ちょいでお目覚め。今日は早めに離乳食。相変わらずもりもりよく食べます。スタイなしでも、こぼさずに食べます。スプーン使いが上達してきて、白湯もあまりこぼさなくなった。

仕事から帰ってくるとやっぱりパイくれー。その後ゴハン。スプーンさしだしたらお口「あーん」だって。可愛いぞ！ 多かったかな？ と思ったが楽々ペロリ。しかも食後もパイ。どんな食欲だ!? 少し落ちついてからお風呂。くじらのジョウロでお湯をかけるとこれまた大喜び。じゃーっと出るのが好きみたい。シャワーにも興味津々。しぶきがめちゃめちゃ顔に飛んでるのに手でばしゃばしゃ、大コーフン。しかも真面目な顔して。これまた可愛い。夜は母が泊まりに来たので少し遊んで再びパイねんね。

Rie memo.
結局、シングルベッドを新たに購入。私と楓は大きなベッドで広々！ やったね！

PICTURE BOOK

初期はメロディ絵本にハマり、少しずつストーリーがあるものにも興味が出てきたみたい。読み聞かせは良いコミュニケーションになりますね。

『はらぺこあおむし』
作／エリック＝カール　訳／もり ひさし（偕成社）

くいしんぼうのあおむしくんは、大きくなるため毎日たくさん食べ続けます。数や曜日をお話に混ぜ、穴あきのしかけをこらした絵本です。

『ぐりとぐらの1・2・3』
作／なかがわりえこ　絵／やまわきゆりこ（福音館書店）

リズミカルな言葉と、お馴染みのぐりとぐらのかわいい絵による、こどもがはじめて出会う「数」をお話にした小さな絵本。

『きんぎょがにげた』
作／五味太郎（福音館書店）

金魚鉢から逃げだした金魚は、カーテンの模様の中に隠れたり、花の中に隠れたり…。こどもたちが大好きな絵探し絵本です。

『こぐまちゃんとぼーる』
作／わかやまけん（こぐま社）

ボール遊びが好きなこぐまちゃんは、遊んでいるうちにボールをなくしてしまいます。遊びを通して成長していく様子を描いた一冊。

『いないいないばぁあそび』
作／きむらゆういち（偕成社）

赤ちゃんが大好きな「いないいないばあ」のお話です。こいぬのコロも、ねこのミケもみんなでいないいないばあ。厚紙で丈夫なのもうれしい。

『ねずみくんのチョッキ』
作／なかえよしを　絵／上野紀子（ポプラ社）

楓すけ一番のお気に入り。ねずみくんのチョッキがどんどん伸びていく様子がツボらしく大ウケです。いつも本箱から持ってきて、膝の上にちょこんと座るのです。

6・4

休み。朝の4時過ぎ頃、お目々パッチリの楓すけ。あたしゃ眠いよ。半分寝ながら時々触って相手をする。楓は広々ベッドのためか、こてりんこてりんとゴキゲンさん。1時間ほどして、再びパイねんね。結局、朝8時すぎ頃に起きる。今朝はウンチなし。11時にごはん。玄米クリームではもうトロトロすぎる感じ。おかゆを固めに炊くかな。量が多いかな？　と思ったがやっぱりペロリ。

昼1時〜夕方6時、シッターさんに来てもらう。今日は自分のために楓を預けたが、1人だとなんとなく落ちつかない。買い物していても、楓のものばかり見ちゃう。鍼灸は1人がいいけど、目的もなくぶらぶらするのは、うーん、あんまり楽しくない。

帰宅。とても嬉しそうな楓。抱くとぺたーっとくっついてくれる。あったかいホカホカの小さなからだ。愛おしい。で、すぐにパイくれー。その後、一緒にごはん。パイ飲んだ後なので残すかと思いきや、ペロリ。どんだけお腹空いてんだ!?

chapter 7

生後7ヶ月〜8ヶ月

ウンチくん、こんにちは

6・5

休み。やはり明け方に起きてしまう楓すけ。再びねんねで朝8時過ぎにお目覚め。11時前に離乳食をあげるが、眠気のピークでぐずり出す。めずらしくペロリせずにパイねんんね。11時45分～2時半までがっつりオヤスミ。眠かったんだね。お目覚め後に軽くパイでお散歩へ。抱っこひもでウトウト。帰宅後、早めの夕飯。夕方6時半には楓すけもゴハン。今日は白米を7倍粥にしてあげたがいきなり固すぎたのか、途中でむせてイヤな顔。玄米クリームと違って、ブロッコリーの匂いが変にきわだつ……。少し白湯でのばして再チャレンジするがぐずりだす。結局、夜8時にパイねんんね。うーん、今日は眠たい日なのだろうか。ついでに私も一緒に仮眠。

ウンチは午前中に1回、今までとは違う大人みたいな固まったウンチをする。固まったといってもカチカチじゃないけど、ひとつの固まりになって、ぶりーっと1本出てきたって感じ。

湿疹はステロイドを2週間くらいつけてなかったから再び赤くなり、赤くなりはじめてから2、3日放っておいたら、引っ掻きキズが……。軽めにステロイドを2日続けて塗ったら、また治まる。確実に塗らなくても大丈夫にはなってきているが、まだお世話になってます、ステロイド……。

Rie memo.

離乳食がはじまると、ホントに立派なウンチ！　そして立派な匂い……。アップリカの「におわなくてポイ」は必需品だね（おむつ用のゴミ箱）。

6・6

朝7時起き。今朝は昨日よりも立派なウンチが!!　あの小さい体でどうやって出したんだ!?　というようなサイズのウンチ。便秘かと思い心配だったが、大丈夫だね。最近ではおしりふきのケースを開けて、自分で出せるようになってしまった……。勿論、テッシュも。目を離すと大変なのだ。昨日も私の化粧ポーチをひっくり返して遊んでいた……。

10時15分～4時15分、シッター山中さん。ちょうど山中さんが来た頃は眠くてぐずぐず。パイあげたいけど支度しなくちゃいけなくて別の部屋にいたら、出かけるときには静かに山中さんの胸で眠っていた。スゴイ！　山中さんは楓の状態というか、彼が何を望んでいるか、見極めるのがうまい。遊びたいときに遊んであげ、眠いときに寝かせてあげ、食べたいときに食べたいだけ食べさせてあげる。育児は普通なら当たり前のことが、難しい。相手が「赤ちゃん」になっただけでこんなにも難しい。もちろん楽しいのだがね☆　楓すけは最近、お手々パチパチができるようになった。今までは、両脇をもって立たせてあげると両腕をぶんぶん振るだけだったのがなかなかいい音させますぞ♪

6・10

朝6時30分頃にお目覚め率高し。8時半頃には再びパイねんね。私も疲れて一緒にねんね。すぐ起きるだろうと思いきや、11時にシッターさんのピンポンが鳴るまでぐっすり！　いやぁ、よく寝た。11時〜夜8時、シッターさん。早めに帰れたので、そのまま楓すけを見ていてもらい、私は夕食。母ちゃんがいるってことはパイだろ！　とぐずぐず言い出す楓すけ。ごきゅごきゅ旨そうに飲む楓すけ。私のひざに座って飲んでる感じ。大きくなったなあ。私が帰って来ると分かるのかな。台所にいて見えなくなるとうにゅうにゅ。「なーにー？」と顔を出すとニカー♡　可愛いのだ。

お風呂は、浮き輪に入れておくと、自分で動きまわってカベに張ってあるオモチャを自分でとったり、蛇口を触ってみたりとにかくいろんなことをしている。もう立ってるし。すごいなあ。7ヶ月を迎えてさらにぐっと大人っぽくなった。お座りは相変わらず、あまり好きではないみたいでゴハンの途中でぐずぐず。抱きあげると再び食べだす。白湯などの水分補給も上手になった。お風呂あがりなんかは、ごくごく飲む。しかし、私が横に寝ころんだりすると、必ずパイ付近にころんと寝返りうってきて、服の上からちゅぱちゅぱ。うーん分かっているのね。きゃわいい、楓すけさん。

Rie memo.

首がすわってからのお風呂タイムは、水泳練習前の赤ちゃんを水に慣れさせるために開発されたという浮き輪に入れてます。これで私も落ち着いて髪の毛洗ったりできるよ！

6・12

朝4時30分頃、ぐずぐず泣き出した。暑いらしい。3人で同じベッドっていうのは、これからの季節は大変ですなあ。楓はベビーベッド嫌いだし……。暑くなってきたから、ぴーったりくっついているのは嫌だけど、でもなんとなーく、ふんわりそばにいたがる甘えんぼうの楓すけ。仕方なくベッドから出てリビングへ。窓をあけて少し落ちつく。楓の体は汗でぺとぺと。可愛い。リビングにお昼寝布団ひいてパイねんね。朝8時頃までぐっすり。お目覚め後はウンチさん。昨日はあまり食べてなかったけど、快便さん。10時にゴハン。今朝はおかゆとほうれん草のみ。やっぱり鱈は臭くて食べれない。おかゆさんたちはよく食べてくれました。米もつぶしきってないし、ほうれん草も形が残るくらいのみじん切りだったけど、とくに嫌がることなく食べてくれました。後半、お座りが嫌で泣き出し、お遊びへ。最近は本当に動きも激しいし、声もスゴイ！　寝ころがって、足をバッタバタするのなんて、どすどすどす!!　って音だし、なんか変テコな奇声もすごい……。おもしろいなあ。

今日は私たちも早めの夕飯。楓すけも続いてゴハン。おかゆ、ほうれん草、鯛のすり身。鯛は好きみたい。けっこう固めで食べさせたがへっちゃら。夜ごはん後は眠くてぐずぐず。お風呂後は暑くてさらにぐずる。外へ出て少しすっきり。これからの季節は抱っこしながらのパイは暑くて大変だー。

6・14

最近は、夜中のパイを添い乳にしてるため、ほとんどパイ丸出し状態である。ぐずったらすぐくわえさせ、そのまま一緒にすやすや……。またぐずったら場所を代えて、反対側のパイ。そんなことをやってるうちに朝7時過ぎ起床。9時過ぎにパイねんねかと思いきや、布団に置くとふやーんとお目覚め。仕方ない！　遊ぶか!!　と、いないいないばーで大興奮。10時にはゴハン。玄米クリームより固い（つぶが残ってる）からか、以前のようにペロリとはいかない。まだトロトロが良いのだろうか。でもちゃんともぐもぐしてるし上手に食べれるし、ウンチも順調だし大丈夫なのかなあ。ちなみに今日はドラマ『anego』All up（最終日）!!

6・16

今朝6時30分起き。あー眠い。朝から元気な楓すけ。7ヶ月入った頃からお手々パチパチが上手に。両脇もって立たせると喜んでパチパチ。あと、ハイハイは今にも進みそうだがまだみたい。お尻をぷくぷく浮かせて、カエル飛びしそう。進むってより飛びそう。今日も10時頃ゴハン。が、まったく食べず。じゃが芋が駄目なのかのう……。結局パイねんね。が、15分くらいでお目覚め。午前中はあんまり寝なくなった。11時30分～夜9時、シッター・山中さん。今日は仕事終わりで夫とデート。たまにはいいもんですな。しかし、帰り道「楓すけに会いたいねー」とぽつり。そうなのよー、離れると会いたくなっちゃうのよね。今日は一度も搾乳しなかったのでパイもパンパン！　風呂あがり、わっしわっし飲んで、こてりんこの楓すけ。おやすみよ。

6・19

今朝は5時半頃にぐずぐずとお目覚め。眠い。抱っこしたり、立っちさせると喜ぶが、どーにも眠い。ママさんはウトウト……。そのうち再びぐずりはじめ、パイねんね。9時頃にお目覚め。10時頃にゴハン。はじめてベビーダノンにチャレンジ！　私が食べても旨いぞ（プチダノン好き）！　でも、しかめっつらのマズそうな表情。しかし、けっこう甘いもんだ。大丈夫なの？　甘すぎじゃない？　フルーツの甘さも苦手な楓にはダメだったか？　仕方なく、いつも通りゴハン。白米粥、玄米クリーム（少し混ぜた方がよく食べる）。

Rie memo.
ハイハイ直前、カエルみたいな状態も可愛いくてねぇ。どんどん成長してくから、ちょっと寂しいね～。

しらす、じゃが芋。ほーら！ と見せると机をバンバンたたいて、催促。必死になって食べる。うーん、ゴハン好きだのう。ほとんど完食。パイ茶もごくごく。

6・20

昨日は広々ベッドでこてりんこてりん。すんごい寝返りうちまくり。本当はいつも動きたかったのかなあ。3人じゃせまいね。朝は6時半起き。っていうかウンチぶりぶりでぐずり出した。昨日はウンチが出なかったからたんまり！ と思ったら、続けてたんまり!! 昨日はいっぱい食べたしねー。9時頃、再びパイねんね。私も添い寝。10時半すぎ、お目覚め。ゴキゲン楓すけ。ベッドの上で大興奮!! 満足いく睡眠がとれればゴキゲンな楓。11時にゴハン。ねんねの後は機嫌良く、たくさん食べる。ペロリ！ 足りなそうだったので、おかわり。ゴハン後はパイは飲まない楓すけ。満腹でゴキゲンにお遊び。またまたウンチ。すげーな。可愛い顔して立派にくちゃいウンチさん……。やっぱりゴハンはじまるとまったく変わるね。臭いも固さも。パイ飲みの頃はゆるいから油断するとはみだしウンチだったなあ。よく肌着洗ってまちた、ママさん。今日は「いたずらっ子!」と言うと大笑い。ツボらしい。
ゴハン食べて1〜2時間すると眠くなってパイねんねっていうパターン多し。昼2時〜6時、シッターさん。私が帰宅するとにっこにこ! だが、すぐにパイくれ〜! そのまま、ねんねかなあ、と慌ててベッドへ行くが私の焦りが伝わったのかな……すぐにお目覚め楓。そのまま夫を駅までお迎え。久々の対面に不思議そうな楓。でもにっこにこ。帰ると、眠くてぐずる楓すけ。夕飯支度中、夫に離乳食をあげてもらうが食べない。仕方なく自分のゴハンを途中で切り上げて、食べさせる。眠くて眠くて目のまわりが真っ赤。かわいそうなことをした。でもお腹は空いてるみたいでよく食べた。食後、またしてもウンチ。うーん今日5回目。ベビーダノン効果!? 初めての乳製品だったから? いくらなんでもこんなにでないよー。

6・21

休み。昨夜は暑くて、しかも自由に寝返りがうてないからか、ぐずぐず泣いて起きた。あー広いベッドで寝たい。ベビーベッドはまったく使わないのよね、楓すけ。っていうかあんな寝相悪かったらベビーベッドは無理だな。

Rie memo.
楓すけは変なとこにツボがあって、私や夫が変な顔したり、わざと転んだり、変なダンス踊ったりすると大興奮。普通にあやしても決して笑いません。どうなんだ息子!

キングサイズにするべきか、シングルベッドを並べるか？　ビミョー。今朝も朝6時半頃からうにゃうにゃ言い出した。仕方なく起きると、目の回りが赤く腫れぼったくなっている。目の回りを中心に赤く細かい湿疹ができている。が、とくに変わった様子もなく普段通り元気。10時過ぎゴハンにするが、眠くてアウト。結局パイねんね。午前中のお昼寝がビミョーな現在、離乳食をどのタイミングにするか悩むとこである。今日は完全に私のミス。

しかし、夫が起きてきたりで、結果1時間も眠れず。昼過ぎに再びパイねんね。これも30分程度でお目覚め。っていうか楓すけは気が散るとパイも飲めんし、よう寝れんのだ。神経質で困る。

久々に夫と3人で散歩がてら、学大クリニックへ。軽い日光アレルギー※を抑える飲み薬を頂く（アラギール・サイプロミィ）。シロップは食後に1日3回。夕方、帰宅してパイねんね。と思いきや1時間もしないうちにお目覚め。めずらしく大泣き。顔もかわいそうな状態になってきた。ベランダへ出ると気分が変わるのか、風が気持ちいいのか泣き止む。とりあえずは夫と交代で食べてパイをあげる。夫が洗い物やってくれたり、食べおわったら「抱っこしてるから食べちゃいな」と言ってくれたり。些細なことで救われるのよ!!　あー続くといいなあ。

Rie memo.
乳製品で湿疹が出たのかなぁ。赤ちゃんは反応がダイレクトで驚きますな。

※日光アレルギー（にっこうあれるぎー）
日光を浴びることで異常反応を示して起こる皮膚疾患のこと。

chapter 8

生後8ヶ月〜9ヶ月

おやすみねんね

6・22

昨日からあれ？　今の〝ずりばい〟※？　と思う瞬間が2回ほどあった。夫と、「今、前にずりっと進んだよね……？」と。でもそれっきりだったので、うーむ、と思っていたら、今朝6時半に起き出して7時前にはリビングへ。私がパイ茶をすり鉢ですろうと楓すけの近くへ持ってきたところ（楓すけは私がスリスリしてるのを見るのが好きなのだ）、ずりずりずり、と3歩！　前へ進んできたのだ!!　おぉ!?　と思い、位置を変えてまた離れたら、これまたずーりずりと近寄って来るじゃあないかー!!　すげー!!「ずりばい」デビュー!?と思いきや、まだほんの少しの距離のみ。１ｍくらい離れて「よーし、このオモチャまで近づいてこーい!!」と試したが、泣いちゃったさ。うーん、難しい。気分屋さんめ。

朝7時30分には再びパイねんね。めずらしー。アレルギーのお薬のせい？その後2時間ぐっすり。10時過ぎにはゴハン。が、なんだかまだ眠くてぐずぐず。11時30分～夕方5時30分、シッター山中さん。私の帰宅後、ミルクを1滴も飲んでなかったという楓すけは、パイパイパーイ!!　と、うにうに。少し遊んだあと、夕方6時にはパイねんね。1時間程でお目覚め。さて、ゴハン！　と思いきや、再びぐずぐず。眠そう。仕方なくパイをあげると夢中で吸い付く楓すけ。そのまま夜9時近くまでねんね！　このままじゃ夜眠れ

※ずりばい
上半身を床につけたまま、下半身をずりずりして前進する初期ハイハイのこと。ずりばいをしだすとハイハイが出来るようになるのもすぐです。

Rie memo.
授乳ブレンドのハーブティーはすり鉢などでよくすってから煎れると効果アップらしい。

ないし、お風呂も入りたい。楓すけ～と起こしに行くが、一瞬起きて再びこてん。すごい薬パワー。少し怖くなる。夜10時頃、ジジババ登場。ババの声でお目覚め。ゴキゲン。お風呂に入るが、まだ眠そうにあくび！　お風呂上がり、ゴハンを食べてないので軽くせんべいを。試しにコップでパイ茶を飲ませてみる。思ったよりもごきゅっ！　と飲んで、ゲホゲホと真っ赤な顔でむせる楓すけ。かわいそうだが、かわいい。薬も飲んで、夜12時前にはねんね。

7・3

休み。6時半起き。眠い……。7時半頃、あまりの眠さにママさんダウン。ごろんと横になったまま眠ってしまう……。楓のうなり声で目が覚める。見るとティッシュが散乱……。そしてティッシュをもぐもぐ……。むせていたのだ。リビングにある2つのティッシュが同じようなことに。あぶないあぶない。今日も午前中の昼寝はなし。11時半のゴハン。最初は、トマト、エリンギ、玉ネギ、大根のリゾット風なものを作ったが、少しなめただけで、べー。美味しくできたのに!!　トマトの甘味もイヤなのだろうか？

Rie memo.
なんで子どもはティッシュ好きかねぇ。止めさせたいけど、あまりに一心不乱な姿が可愛くて、いつも見守ってしまいます。

7・10 「ハイハイ★デビュー」

風呂上がりにマグで水分補給をはじめてから、寝つきが良いような。少しまとめて眠ってくれるし。暑くなってから、2時間で起きたりしてたのが、4、5時間眠ったり！　あんだけ勢いよく飲むってことはそれだけ、喉が渇いてるってことだよね……。スプーンだとそんなに飲めないもんなぁ。マグ使えるようになって良かったです。

今朝は私が仕事で7時30分に起きたら、一緒にパチっ！　とお目覚め、今日は朝8時〜夜7時50分、シッターさん。楓すけニコニコとお出迎え。いい子じゃなぁ。久々の長時間なのでパイが張る。昼過ぎ、夫から「楓すけがハイハイしてるよ！」とTEL。見たい‼　っていうか〝初ハイハイ〟に立ち会えず、ちょっと残念。急いで帰ると、マンションの外で楓がお出迎え。にっこり楓すけ。かわいー。まだ完璧じゃないけど、2、3歩よちよちとハイハイ。下半身はひきずってたのが、ひざをついて1歩、2歩……一生懸命で泣ける。しかし、まだ自由にハイハイできず、少しイライラしてる楓すけ。おもろい。とりあえず「ずりばい」と「ハイハイ」を併用してる感じ。今日は夫サイドのトラブルで大人ゴハンが遅れ、いつもの楓すけのペースが乱れる……。大人ゴハン中も私のひざに登ってくる。んで、パイをつかんでつかまり立ち。抱っこすると「きゃはっ☆」と大笑い。

Rie memo.
楓は哺乳瓶もマグもなかなか受け付けず、半ば諦め気味でしたが、根気よく試してたら、ある日突然使えるように！ 子どもはホント気まぐれ。今日はダメでも明日は大丈夫かもしれない。まぁ、その逆もあるけどね。

7・14

朝6時30分起き。その前から、楓はぐずぐずお目覚めだったのだが……眠くて無視。夫はリビングへ避難。ずるーい。起きてからもなんだかぐずぐず。外へ出てみたり抱っこひもに入れたり、いろいろ試すが効果なし。結局、10時30分ゴハン。気づけば、ハイハイもすんごいスピードだ。2、3日前まではよちよちふらふらしてたのになぁ。物凄い勢いで、こっちに向かってくる楓すけ。つかまり立ちもレベルアップ。壁に手をついたりするとずるっ！と顔から落ちる。あぶないなー……と思っていた矢先、窓の方へ高速ハイハイ。敷居に手をつき、楽しいなぁという次の瞬間、手がすべり顔面強打!!

そりゃあもう超号泣。涙ぼろっぼろ流して、泣く！　泣く！　さすがに私もビビる。切れてない!?　折れてない!?　あー泣き止まん。すぐにホメオパシー。が、どんどん左ほっぺが赤く腫れてきた……。ぎゃー、折れてる？　病院!?　慌てる。母にTEL。「とにかく冷やせ！」とのことで。ガーゼに氷をくるんで冷やすが、嫌がるのでオモチャに気をとらせて冷やす。少し落ち着いてくる。楓すけもとくに痛がる様子もなく、ゴキゲンで遊びはじめた。大丈夫か？　とりあえず、11時30分のパイのときも冷やし続ける。腫れもひいて、青タンが横に線になってる……。ごめんよ、楓すけ。ママさん、もっと注意するよ。

7・20

1週間ぶりのお休み。嬉しい。朝が早くぎっちり撮影が久々に続いたので、もうそりゃあ疲れた。『ａｎｅｇｏ』でもこんなキツさはなかったなぁ。楓はやっぱり嬉しいのかなぁ……ゴキゲンです。抱っこすれば笑い、ほっぺにキスすれば笑い……。もう満面の笑みとはこういうことかしらん。何だか胸がいっぱいになる。ハイハイがはじまり、目が離せず大変だけど、楓がわしわしと自分の力でやってくるのは本当に可愛い。ひざに乗ってきたり、立っているとパンツのすそにつかまって立とうとしたり、自己アピール。たまらんっ。ハイハイのスピードはさらにアップした感じ。お茶を入れようと台所へ行くと、もうホントあっという間にやってくる。高速ハイハイ。

午前中は甘えん坊の楓すけ。パイパーイと胸元をたたく。白湯でも飲ませようかと思ったが、久々の休みなので好きなだけ飲ませてあげよう。楓も嬉しそう。11時30分、離乳食。そろそろ噛みごたえのあるものが良さそう。どろどろしたものだけじゃ、もの足りん!! って感じ。12時30分、パイねんね。私も一緒にねんね。あーしゃーわせ。

15時お目覚め、片パイ飲んで散歩へ。まだまだ暑いなぁ。帰宅後、ポカリとウエハース。固くてダメかと思いきや、自分でもぐもぐしてるじゃない！すごーい。赤ちゃんポカリもマグでゴクゴク。すげーな。その後、バンボ※に座っ

※バンボ　トレーニング用の椅子。（P85参照）

て、台所で私の料理見学。スーパーの袋やら野菜の入ったビニールをぼいぼい振り回し、ゴキゲン。後半ぐずり出したので自由にさせる。私を切ない目で見上げる楓すけ。かまってくれよーさみしいよー的な。きゃわいいっっ!!

夜7時、一緒にゴハン。楓すけ、鶏ささみ初チャレンジ。問題なくクリア。っていうか、いい食べっぷり！

今日はとにかく嬉しそうな楓。散歩の仕度の時、「出かけちゃうの……？」と不安そうな楓すけでしたが、一緒に散歩とわかると大喜び。とにかく、私を見つけるたびに笑ってくれるのが、もうホントに嬉しい。お風呂も一緒に湯船に入ったら、私の胸にぺたんともたれかかって、安心した様子。愛しい。充電出来ました！ また2日間がんばるぞ!!

Column

好物はイチゴ！

楓すけは、とにかくイチゴが大好き！ あればあるだけ食べちゃいます。ちょっと酸味があるフルーツがお好みで、みかんやオレンジ、キウイも1個ぺろり。お喋りできる前から、イチゴのことは分かるみたいで「イチゴ食べる？」と聞くと大発狂！ 時期が過ぎると高いし美味しくないから、主婦的には悩みのタネ。ちなみに離乳食は、手間ひまかけるほど報われませんね……。離乳食の本見て張り切ったりすると一口も食べずに私を悲し

Rie memo

意思表示も出てきて、更に親バカぶりに拍車がかかった時期ですね。夫なんか、メロメロすぎて失神寸前です。

ませる楓さん。私達が食べてるものに興味があるらしく、結局は大人ゴハンを薄めに味付けしたものなどを取り分けて食べることが多いし、何よりそのほうがよく食べます。

8・2

朝5時30分起き。ゴキゲンだが何だかオデコが熱いような？　熱を計ると37度1分。ありゃ。そういやなんだかぐずぐず。すぐにパイおねだり。飲むと落ち着くのか再び遊びはじめる。朝ごはんもいらなーい。お散歩タイム、外へ出れば気持ちいいかと思い仕度するが再びぐずぐず、そのままネンネ。11時までぐっすり。起きると機嫌良く遊んでいる。が、熱を計ると37度5分。突発疹[※]か!?　念の為に学大クリニックへ。発疹が出るまではハッキリわからないらしい。12時45分に診てもらった時点で38度2分。が、機嫌は悪くない。抗生剤を出してもらい、帰宅。37度9分に下がる。

今日は夫もりえもいて嬉しそうな楓。ベッドでころりんころりん楽しそう。赤ちゃんポカリごくごく。甘えん坊の楓すけ。夕方4時~夜10時、シッター・山中さん。「40度くらいの子も見たことあるし、全然大丈夫！」とのこと。心強い。

※突発疹（とっぱつしん）
突発性発疹の略。1歳までにほとんどの小児がかかる急性感染症のことで、3日間40℃近い高熱が持続した後、解熱とともに赤いポツポツが体中に出来ます。かゆみはなく3日程度で消えることが多い。

帰宅するとすやすやねんね中。その後、一度パイ飲んで寝るが、熱くて寝れないのか、起きてしまう楓すけ。39度1分まで上がってる。ポカリ飲んで冷えピタをオデコにはるが、イヤイヤ。遊んでやると寝転んだり、もたれかかったりと甘えん坊。しかし熱い。全身あっちち。楓の体は熱と戦ってるのだろうなぁ。かわいそうだががんばれー!!

8・3

明け方、3時（38度5分）、6時（37度8分）、8時（37度6分）、9時45分（37度5分）、午後1時（37度7分）。朝5時、起きるまではなんとか寝ていたが、大泣きするので抱っこでリビングへ。よたよたとハイハイでゴキゲン。が、6時になるとホラーな大泣き。涙ぼろっぼろ流して号泣。ホメオパシー※「アコナイト」を飲ませる。体温測ると、下がってはいるもののオデコや体は、ものすごい熱さ。楓すけ自身、自分の体の状態にびっくりしてどうしたらいいのか、分からないんだろう。抱っこでとんとん。私の腕をぎゅーっと握る。不安そうに泣く。寝かすとさらに号泣。なんか「こわいよー」って言ってるような泣き方。パイをふくませるとちゅぱちゅぱ。そのままネンネ。

Rie memo.
熱があっても元気だったので、結局は抗生剤は飲ませませんでした。

※ホメオパシー「アコナイト」
ホメオパシーの中でも「アコナイト」のレメディは恐れやショック、こどもの炎症に効果があるとされています。

8時にホラーな大泣きでお目覚め。どうしたって泣き止まない。抱っこもダメ。汗だくだったので、体を温かいお湯にひたしたガーゼで拭いて、お着替え。ゴキゲンに遊びはじめた。ポカリはあまり飲みたがらず、パイパイパーイ。

夕方、37度4分。少しお昼寝。熱いからか、頭やリンパなどが痛いのか、眠いけどすんなり寝つけず、かわいそうに。目覚めると汗びっしょりで、再び明け方同様のホラーな大泣き。なんだろこれ。怖い夢とか見てて、現実とさまよってるような感じ……。抱き寄せて体ぴたっとくっつけ、たて抱きみたいな感じでパイをくわえさせる。すると再びうつらうつら……。が、私がトイレに行きたくてベッドに置いたら、うぎゃーとお目覚め。ごみん……。その後「足湯」を試す。頭にのぼってた熱が、足に降りるので、頭が痛いのは楽になるらしい。洗面所にお湯をためてちゃぽん。気持ちよさげ♪　少し落ち着いたのか、リビングでのんびり遊び出す。

8・4

子供用ビニールプールにお湯をため、お風呂。気持ちいいのかゴキゲン。風呂上り、ポカリ１００ccをペロリして、両パイさん。そのまま寝るかと思

Rie memo.
熱のときの「足湯」はおすすめ！　大葉ナナコさんに教わりました。

いきや、ぐずぐず。2人でベッドの上でごろごろ。楓すけはこてりんこてりん寝返りうって、嬉しそう。熱はない。落ち着いた顔でそのままネンネ。

8・6

熱も下がって落ち着いた楓すけ。昨夜7時45分に寝てから6時間もスヤスヤ!! 熱下がって、安心して眠れたのかな。今朝は7時起き。寝起きは悪かった。夢と現実をさまよってる感じだったので、ちゃんと起こしてやる。きっちり目が覚めるとゴキゲン。背中やら胸やら、赤くぽちぽちが……発疹？ 気になるので、学大クリニックへ。熱の上がり下がりを見ていると、突発ではなく「風邪」じゃないか？ とのこと。お腹の音が少し早いから、お腹の風邪かな？ そういやゲリちゃんです。体のポチポチは発疹じゃなくて「あせも」。8月2日からお風呂ご無沙汰だったからかなぁ。今まではキレイにしてたのに、残念。今日はちゃんとお風呂で洗って、スキンケアしようね!!

帰宅後、昼12時30分～パイねんね。私も一緒に。何度かパイで起きつつも、夕方4時まで2人でだらだら。ベッドでごろごろしてるのは、楓すけも大スキ。外の暑さも落ち着いてきたので、下馬公園へ。おしゃべりたくさんして、元気出てきたかな？　軽めに遊んで切り上げる。

8・7

6時30分頃からウニウニ起きだす。っていうか、夢と現実をさまよい、んーっとなってるので起こしてやる。一緒に遊びたがるのでリビングへ。オモチャに夢中だった頃が懐かしい……。すぐに私の膝やら背中やらにつかまり立ち。おちおち朝ゴハンも食べられやしない。食べますがね。

朝の散歩は迷うが今日までお休みしよう。夕方、ウトウトしながらベッドをこてりんこてりん。一緒に横になると、転がって私の腕まくらで横になる楓すけ。かわいすぎ!!　その後、私のお腹をまくらにしたりしてウトウト……が、どうにも寝つけないってことでパイねんね。かわいーかわいー楓すけ。お口のにおいが可愛くて、どうしてもくんくんしちゃうママさんなのでした。

2006 5.24

公園編

mammaともさか

Making 1 kosodatechan

こそだてちゃんができるまで

気持ちいい快晴。早朝からのロケでぐずぐず楓すけだったけど、撮影がはじまるとニコニコさん。撮影が終わる頃には眠気もピークでしたが最後までがんばってくれました！

スタッフの傘で遊ぶ楓すけ

公園に着くなり走り出す楓すけ。撮影用に用意してもらった風船やシャボン玉からスタッフ私物の傘までとあらゆるもので遊びだしご機嫌のご様子♪　カメラマンさんも、走る楓すけをとらえるのに必死でした（笑）。

シャボン玉大好きな楓すけ。何だか真剣なご様子です。

しゃぼん玉で遊ぶ

朝も早くて、そろそろおネムな楓。こうなるとグズグズと甘えん坊。でも撮影はこれからだよ！　頑張ってあやすママさんであります。

おねむモードの楓すけ

もうちょっと～
がんばれ～

大好きなイチゴをパクリ

楓すけの好物といえばイチゴ！　今日もタッパーに沢山用意してきたよ。撮影もあるし元気復活してもらおうと大サービスであげてたら、30分もしないうちにペロリ！　もちろんニコニコ笑顔。いやぁ、楓さんの体はイチゴでできてるのかもしれない……。

復活!!

ちょっと
お疲れな楓すけ

2006 5.24
表紙編

公園から移動して家具屋さんでの表紙撮影。さすがの楓すけもお疲れモード。ポラを待っている間にごろんとしたら、今にも眠ってしまいそう……。「あとちょっとだからがんばれ～」と励まされつつ、なんとか撮影は終了しました。楓すけ、がんばった！

こんなにかわいく撮れました

ほんとうに眠そう…

最後の力をふりしぼって

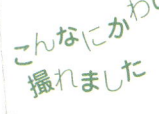

あとがき

この本が出版される頃、息子は1歳8ヶ月になっています。
1年8ヶ月前の日記を読み返しても、何だか他人事のようだなぁ。
この本はあくまで私の個人的記録をまとめたものなんで、
多くの妊婦さん、ママさんたちのためになるかは分かりません。
てか、皆さんに妊娠を奨めたりするつもりも一切ありません。
だって人それぞれだからさ。
とか言いつつ図々しく本にしちゃってすみません。わはは。

私は今でもたまに「あ～夫婦二人っきりも気楽で良かったな～」とか思うよ。
でも息子がこのタイミングでやってくることを選んだんだから。
それは偶然ではなくて必然だったんだとしみじみ感じております。

結局立派な親バカに成りあがった私達夫婦は、
なんだかんだ言いながらもゲラゲラ笑いながら息子と過ごす毎日です。
こんなにも無条件でかわいい！　と思える人は初めてだよ。

とにかくかわいい。かーわいーんだー。
かわいい、と思える精神状態であることは幸せなんだろうね。
産後3～4ヶ月は、ふにゃふにゃで儚げな生き物を生かすのに精一杯！
って感じだったけど、なんか同じ「人」として楓を受け入れられると
途端にラクになるし、気持ちも落ち着きました。
親は、子どもが毎日を楽しく安心して過ごしていける
ちょっとした手助けをしてあげればいいんじゃないでしょうか。
あれこれ大げさに考えはじめるとキリがないしさ。
とにかく最後まで読んでくださってありがとうございました。
皆さんにもそれぞれの形の幸せが訪れますように!!

2006年7月

ともさかりえ

ともさかりえ（Rie Tomosaka）

1979年10月12日生まれ。東京都出身。1992年のデビュー以降
ドラマ、映画、舞台などで幅広く活躍し、2003年結婚、翌年出産。
現在は1児の母として子育てと女優業に大忙しの日々。
http://www.itoh-c.com/tomosaka/

［カバー］

撮影	柴田文子（êtrenne）
スタイリング	山本マナ
ヘアメイク	栗原里美（AIR NOTES）
イラストレーション	天明幸子

［中面イラスト］
天明幸子（P1、P5（文字）、P6、P13、P14〜15、P42、P70、P98、P122〜P125）
フクマカズエ（P35、P39、P52、P81、P84、P85、P116）

［企画・制作・デザイン］	株式会社 玄人
［構成］	竹村真奈
［マネージャー］	高柳利恵子、大森玲子（イトーカンパニー）
［エグゼクティブプロデューサー］	伊藤久美子（イトーカンパニー）
［スペシャルサンクス］	神谷さん、エリカさん、ナナコさん、祥子、陽子ちゃん

Mammaともさか こそだてちゃん編

2006年7月31日　第1刷発行
2006年9月15日　第2刷発行

著　者 —— ともさかりえ
発行者 —— 前嶋　孟
発行所 —— 株式会社インデックス・コミュニケーションズ
〒101-0052 東京都千代田区神田小川町3-9-2 共同ビル
電話 03（3295）1658（書籍販売部）
03（3295）3010（書籍編集部）
http://www.indexcomm.co.jp/
印刷／製本　中央精版印刷株式会社

ISBN 4-7573-0388-2 C0077